如何带好一个团队
团队管理的必修课

不懂带团队，怎么做管理

高亮◎编著

中国纺织出版社有限公司

国家一级出版社
全国百佳图书出版单位

内 容 提 要

如何激发员工士气，调动团队斗志，打造团队执行力？如何提升管理素质、打造自我影响力，让自己成为团队的核心？这些都是企业团队领导者面临的重要课题。本书从自律、自强、自尊、自决、立言、立规、立威、立德、用人、树人、驭人、激人 12 个角度，详细介绍了团队管理的方法与技巧，活学活用这些方法和技巧，帮你快速打造一支高效的团队。

图书在版编目（CIP）数据

不懂带团队，怎么做管理 / 高亮编著 . -- 北京：
中国纺织出版社有限公司，2019. 11（2020.6重印）
ISBN 978-7-5180-6500-4

Ⅰ . ①不… Ⅱ . ①高… Ⅲ . ①团队管理 Ⅳ .
① C936
中国版本图书馆 CIP 数据核字（2019）第 160569 号

责任编辑：向连英 责任校对：王花妮 责任印制：储志伟

中国纺织出版社有限公司出版发行
地址：北京市朝阳区百子湾东里 A407 号楼 邮政编码：100124
销售电话：010 — 87155894 传真：010 — 87155801
http://www.c-textilep.com
官方微博 http://weibo.com/2119887771
三河市宏盛印务有限公司印刷 各地新华书店经销
2019 年 11 月第 1 版 2020 年 6 月第 2 次印刷
开本：710×1000 1/16 印张：13
字数：174 千字 定价：42.80 元

凡购本书，如有缺页、倒页、脱页，由本社图书营销中心调换在非洲草原上，如果见到羚羊在奔跑，那一定是狮子来了；如果见到狮子在躲避，那就是象群发怒了；如果见到无数的狮子与象群集体逃命的壮景，那是什么来了？是蚂蚁军团！

这个故事给了我们哪些启示？

启示一：蚂蚁是渺小微弱的，任何人都可以随意踩死它，但个体弱小不代表其群体也弱小，一旦当弱小个体组成精诚团结的团队时，就会产生巨大的力量，就连兽中之王都要退避三舍。

启示二：像蚂蚁这样弱小的动物一旦构成团队，都能形成强大的力量、勇猛无敌，何况作为万物之灵的人组成的团队呢？

这就是团队的价值所在。

团队作为由具有互补技能、愿意为共同目的、业绩目标而相互承担责任的人组成的群体，是现代企业的基本单位。因此，管理团队是企业管理中十分重要的一环。

团队必须讲求效率和效益，这就要求团队要有清晰一致的目标、具有相关的技能、彼此相互信任、有良好的沟通、优秀的领导（或者叫管理者），在各种要素中，团队管理者的管理水平和能力是团队成功的关键，本书意在帮助团队管理者有效提升团队管理水平。

首先，团队管理者必须做到自律、自强、自尊、自决。自律才能率先垂范，为员工树立好榜样；自强才能打造影响力，让自己成为核心；自尊才能建立威望，使员工心悦诚服；自决才能以优秀的决断力引导团队不断前进。

其次，团队管理者必须立言、立规、立威、立德。立言就是"说到做到"，立言才能用行动赢得员工认同；立规就是建立健全管理制度，制度管人比说教更管用；立威就是树立权威，最好的办法就是奖罚有度，刚柔并济；立德就是正己安人，仁爱为先，如此才能凝聚人心。

最后，团队管理者必须正确地用人、树人、驭人、激人。正确用人就是知人善任，合理分工；科学树人就是悉心指导、加强培训，提高团队素质，把下属锤炼成精兵强将；驭人就是要能够驾驭你的团队成员，要做到这一点，就必须掌握员工心理，树立个人权威，巧妙应对各种类型的成员，加强监管，打造无形的执行力；激人就是激励员工，方法是给员工以愿景和梦想、奖惩有法、良性竞争，以达到激发团队斗志的目的。

本书作者从加入友邦保险开始，仅用 4 年时间就快速晋升为友邦保险业务总监，并组建了 100 人以上的团队，不仅是销售精英，更是卓越的团队领导者。本书不仅对团队管理者有效提升管理能力和水平有很强的指导性，对于努力向上、力求提升自我素质和能力的员工，也是不可多得的读物。

高 亮
2019 年 5 月于北京

目录 / Contents

第一章

自律

——率先垂范，为员工树立好榜样

第一节　先做好自己，再领导他人

正人必先正己，正己方能正人

作为企业管理者，想要让员工尊重你、服从你，首先要对自己严加管理和制约，提高自身的领导素养，做到"先正己"。当你身先士卒、以身作则给下属树立了一个良好的管理者形象，下属的行为自然就会规范；反之，如果管理者自己的行为不正，那么下属肯定是上行下效。

就拿迟到、早退这些小事来说，很多公司都制定了严格的管理制度，可是为什么管理的效果却不尽如人意呢？很大一部分原因是管理者自己都没有遵守，所以下属才会"跟着领导走"。

如果你抱着"我是领导"的心态，那么你就大错特错了。下属为什么就不能效仿你呢？难道你觉得自己高人一等、身份特殊？如果你真是这样想的，只能说明你还不具备作为一个团队管理者的基本素养，因为你连员工和管理者之间只是分工不同，并没有等级地位的高低都没有看明白。

管理者应该明白，自己就是员工的标杆，想要正人首先需要正己。只有补足自己身上的缺陷，才能成为合格的团队管理者。

博大的胸怀让你赢得无限可能

人文主义作家亨德里克·威廉·房龙曾经写道："宽容从来是一个奢侈品，购买它的人只会是智力非常高的人。这种人能够从思想上摆脱不够开明的同伴们的狭隘偏见，能够看到整个人类具有的广阔多彩的前景。"毫无疑问，管理者要成为团队的精神领袖，就必须是一个开明的人，因为宽容能使人从情绪化的冲动中解脱出来，做出符合长远利益的决定。

宽容可以帮你建立起高大、宽厚的形象，使员工找到精神庇护。当然，宽容绝不是软弱，软弱是为了追求一团和气，放弃原则，一味退让、妥协，从不当面批评下属过失的行为。一味软弱，只能降低管理者在员工心目中的地位，削弱你的权威，对团队造成极大的危害。因此，作为管理者，应该把握好宽容的尺度。

适度的宽容才能够赢得大家的认同，也才能够听到更多的声音。这样，管理者的决策才能够正确而有力。

宽容是管理者必须具备的素质

想做受大家爱戴的管理者，你就必须明白自己处理任何事情都可能会引起员工强烈的反应，而你被捧得太高就会不冷静，不冷静就会影响决策的正确性。为此，除了宽容他人，管理者也必须是个现实主义者。如果脱离现实，做一个高高在上、只会喊口号、谈理想的"夸夸其谈者"，对团队有百害而无一利。

胸怀博大的管理者能从战略的高度考虑全局，从而更好地达成团队目标。

📖 危急关头必须冷静理智

首先，团队管理者要培养临危不乱的心理素质，要在危机中保持冷静。如何面对危机才能看出一个管理者的真正素质和水平，而优秀的管理者都会把危机当成是大显身手的舞台。

危机可以锻炼人，也可以毁灭人。工作中的危机是对管理者的考验。越是在危机中，面对的阻碍也就越多，然而越是在此时，就越不能慌乱。尽晓危难于心，镇静袒露于态，这是管理者在危机中最需具备的品格之一。

其次，要全局了然于胸，时刻保持理智，不为情绪干扰。大家知道，小不忍则乱大谋。管理者做工作时，涉及的都是具体的人和事，而且常常处于矛盾的焦点。所以要站得高看得远，不做情绪的奴隶。以怒制怒，以怨报怨，不仅无助于化解矛盾，反而容易让事情愈演愈烈。要耐心细致，情理结合地去帮助员工解决问题。

最后，要有雅量，不可迁怒。一个志在成就事业的人，必须有容人的雅量。上下之间，团队内部，因工作发生磕磕碰碰在所难免，相互理解和谦让一下，便会海阔天空，甚至彼此结下深厚的友谊。要做到遇事有雅量，就要学会宽容人、体谅人、理解人，要拿得起、放得下，尤其是在自己心情不好时，不能对员工无故撒气。

一个管理者要想在员工心目中树立威信，要想在工作中有所建树，就必须有意识地提升自己，增强自己的心理素质。

勇于面对错误，学会担当

作为团队管理者，犯了错误以后，不要因为怕丢面子，就拒不认错，挖空心思为自己开脱。员工心悦诚服的是能够义无反顾、积极主动地去承担责任的管理者。

任何人办事都不会一帆风顺，所以，做事之前先做好失败的心理准备，这并非是放弃对成功的追求和向往，而是让我们保持平和的心态，不论得失成败都能坦然面对。

当我们犯了错误之后，一定要避免以下问题：

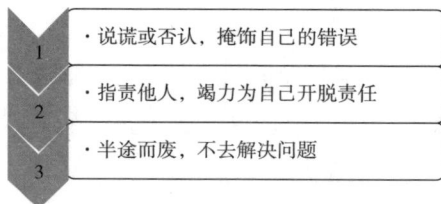

1	·说谎或否认，掩饰自己的错误
2	·指责他人，竭力为自己开脱责任
3	·半途而废，不去解决问题

得来不易的东西，才会倍加珍惜；唾手可得的奖赏，拿到了也不会觉得珍贵。一个事物价值的多少，取决于你付出的时间与代价有多少。只有经历了很多，厚积薄发，才能换来巨大的成功与成就。

作为一个管理者，只有勇于承担责任，才能发现自己的错误并努力进行改正；而一个不断逃避责任的人会在自己的人生道路上越走越偏，离自己的目标越来越远。

作为管理者，能否主动承认错误，并且勇敢地承担责任，关系到自身的品格与威望。主动承担责任的管理者，往往能够让员工看到他的光明磊落，让员工尊重与敬佩，威望不仅不会下降，反而会不断提升。

第二节　加强自我修养，提升管理素质

用人格魅力影响人

一个人能成就多大事业很大程度取决于其有多大人格魅力

人格魅力是一种吸引人、震慑人的精神力量。而管理者是团队的核心，如果管理者不具备人格魅力，将难以顺利开展工作，更无法有效地激励和引导团队成员按既定的方向去达成目标。所以，要想成为一个优秀的管理者，就必须培养自己的人格魅力，以此折服员工，让员工心甘情愿地跟随你。

在团队管理中，管理者的魅力是一种无形资产，它能形成一种团队文化，让团队拥有强大的竞争力。一个管理者要带好团队，需要具备以下几种素质：

1.激励员工，当好家长

在团队里，管理者好比一家之长，这就要求管理者像爱护自己的家人那样爱护员工，多看成绩，多给予肯定，使他们树立起工作的自信心和自强心，善于调动员工的积极性，让员工心情愉快地为团队工作。

2.多多引导，当好教练

管理者还要承担起教练的职责，做到善于"教"和"解"。"教"，就

是教思路、教方法。对于某项工作的思路，管理者应该事先把自己的想法亮出来，给员工以工作上的正确引导，让他们知道你在想什么。只有善于把自己的意图和方法教给员工的管理者，才能让员工不断成长。"解"，就是解疑释惑。一般来说，员工的业务知识是不及管理者的，因此管理者不能以自己的水平来要求员工，对员工不理解的问题要及时给予帮助，而不能不合意就训斥，遇到员工提问题就烦躁。只有以教练的态度对待员工，而不是居高临下地去说教，才能使他们接受你的想法和建议。

3. 多多关怀，当好兄长

管理者要把自己看成是员工的兄长，真心关怀员工，在工作、生活等各方面关心、帮助他们。要像亲人一样温暖、亲切，全面了解员工的需求，并在职责内尽量为他们达成。同时，管理者对员工应该一视同仁，不能有偏向、有亲疏。特别是在一些利益分配、职位升迁等敏感问题上必须做到公平、公正，否则必然会引起员工的反感，伤害大多数员工的感情。因此，管理者一定要从大局出发，着眼于调动员工的工作积极性。

总之，管理者必须从多方面努力，才可以更好地完善自身，提升自己的人格魅力，用自己的领导魅力为员工树立榜样，利用自己独特的气质引领员工，激励员工努力拼搏，为实现团队目标而奋斗。

📖 抛弃惰性，走动管理

麦当劳创始人雷·克罗克是美国最有影响的十大企业家之一，他不赞成整天坐在办公室里的管理模式，而是推行"走动管理模式"。

麦当劳公司曾有一段时间面临严重亏损的危机，克罗克发现造成公司亏损的一个很重要的原因是公司各职能部门的经理有严重的官僚主义，习惯靠在舒适的椅背上指手画脚，把许多宝贵的时间耗费在抽烟和睡觉上。于是克罗克想出一个奇招：将所有经理的椅子靠背锯掉，促使经理们到各个部门走走、看看、听听、问问，深入现场发现问题。

开始很多人骂克罗克是个疯子，不久大家开始理解了他的智慧。当经理们脱离了椅子的靠背，纷纷走出办公室，亲临工作现场，开展"走动管理"之后，麦当劳公司的经营状况获得了巨大的改变，迅速扭亏为盈。

在团队里，管理者不应该坐在办公室的沙发椅子上偷懒，而应该行动起来，深入基层。管理者只有和员工多接触，多走走、多问问、多看看，才能了解员工的实际情况。如果管理者悠闲地做"甩手掌柜"，那么公司就很难发展壮大，迟早也会被员工抛弃。

很多团队给管理者配置高端、舒适、独立的办公室，是想给管理者一个更好的环境，让他们有一个更好的状态进行工作。可往往事与愿违，很多管理者并没有因此进入一个更好的工作状态，反而陷入舒适的包围中，关上办公室大门，把自己和团队完全隔开，他们在自己独立的世界里睡觉、喝茶、抽烟，舒适的环境调动的不是他们的工作热情而是惰性。所以，克罗克锯掉经理们的椅子靠背是从外界杜绝惰性产生的一个办法。

锯掉经理的椅子靠背还有另外一个原因。每个团队管理者在刚到公司时，都想树立自己的威信，所以，有很多团队管理者会选择在架势上压倒下属。当员工汇报工作时，他们仰靠在靠椅上，双手抱胸，一派典型的官僚主义作风。他们以为凭借这样"不近人情"的方式就能让自己"不怒而威"。其实恰恰相反，当管理者摆出一副高高在上的姿态时，员工会觉得你这个人太做作、太瞧不起人，会对你产生一种反感心理。一旦员工对管理者产生了反感心理，那么管理者安排给他的工作，他就会带着情绪去做。其实当你把自己和员工放在同一个平台上，尊重员工时，你才能听到员工的真实想法，他们才会像朋友一样向你倾诉，真心实意地跟你干。

做一个优秀的管理者不容易，因为自身的修为必须达到一个境界，才能在方方面面赢得员工的信任，才可能把众多的人才吸引到自己身边，才能更好地为公司的发展作出贡献。

学会掌控自己的情绪

情绪控制是一种很强大的力量，它能帮我们搬开心理上的绊脚石，也能让我们对人、对事做出最理性的判断。要想成为一个优秀的管理者，就应该学会有效地自我控制，将一切不良情绪掐灭在萌芽之初。

我们每个人都难免会出现情绪失控的状况，当情绪失控的时候，如果处理不好，就会造成彼此伤害的尴尬局面，对当事人双方和公司都没有好处，不仅关系会闹僵，而且还会因此给工作带来不必要的麻烦。尤其是管理者，遇事处变不惊、沉着应对，才能更好地解决问题，也只有这样的人，才有资格成为受众人爱戴的管理者。

控制自己的情绪，其实是每个人与生俱来的能力，只不过深藏心底，不容易被自己察觉罢了。而人一旦失去这种能力，就会被无边无际的消极情绪吞噬。古今中外，成大事者无不具有高度的情绪自制力。

古人说："忍人所不能忍，方能为人所不能为。"控制住自己，才能真正成就一番事业。韩信正因为能够忍"胯下之辱"，才能达成围观嘲笑他的人都无法企及的丰功伟业。如果韩信为泄一时之气，杀了狂妄的屠夫，就会将自己的盖世将才变成无知劣徒的陪葬品。在关键时刻，只有用隐忍代替勃发的怒气，以理性克制冲动，才能成为理性的管理者。

心理学家曾对 16 万名身陷囹圄的成年犯人进行调查，结果显示：他们犯罪入狱，90% 的原因是因为缺乏自制力。因为不善于控制自己的情绪，他们不仅蹉跎了自己的人生，甚至还给他人带来了巨大的伤害。

控制好情绪能为你带来强大的力量

学会自控，我们就能搬开情绪上的绊脚石，做出理智、正确的选择，收获快乐的人生。

所以，作为团队管理者，在工作中不能被不良情绪左右，要学会有效地控制自己，避免怒气冲冲。保持平和的心态，控制一切不良情绪，把激情用在更有建设性的事情上。

那么，我们应该如何有效自制，增强自己情绪控制能力呢？

1. 明辨是非，清楚对错

用理性的头脑、清晰的思路来判定事物，始终明白什么是正确的，什么是错误的。比如，别人善意地指出你的工作失误时，不要认为这是故意挑刺，而应该认识到这是为自己提供了帮助，使自己避免犯错误。只有在心里摆正方向，分清是非曲直，才不会做出令自己后悔的事。

2.磨炼意志，顽强坚韧

若没有顽强的意志力做后盾，自制只是空谈。或许，在你心中有自制的朦胧意识，但行为却与意识相悖，这时，你需要坚定的意志力来提升定力，磨砺意志，避免逃避。

3.自我反省，避免犯错

荀子说："君子博学而日参省乎己，则知明而行无过矣。"只有经常自我反省，对自己严格要求，才会取得进步，才会不断积累经验，才会避免犯错。

自制力是一种帮助人成功的力量，就如美国人格心理学家沃尔特·米歇尔所说："自制力不能操控世界，但却可以改变我们对待世界的方式。"

📖 培养领袖气质

在角色繁多的社会舞台上，总有一些人一出场就能赢得满堂喝彩，举手投足、一笑一颦间就能显现与众不同的气质，他们总能轻松地被团队认可，这种气场就是一个人的个性魅力。具备这种"领袖气质"的人，具有说服他人、引导他人的能力。他们可能不是成绩最优的、水平最高的，但是他们有自己独特的个性，总是让人刮目相看。

当年，马云正是因为具有独特个性才获得孙正义赏识，从而获得投资，因此渐渐步入成功的舞台。

作为一个管理者，要培养自己的"领袖气质"，就能像马云那样在众多竞争对手中脱颖而出，得到领导的赏识。作为一个管理者，适当保持自己的个性也更能得到员工的拥戴。

"领袖气质"是一个人独特的标签，很多人身上独特的个性恰恰是最吸引别人的地方。作为管理者应该把自己的个性魅力发挥到极致，通过自身的领导魅力影响自己的下属，从而达到管理的目的。

成功者必须拥有的 16 个领袖气质：

（1）毫不动摇的勇气。

（2）良好的自制力。

（3）强烈的正义感。

（4）坚定的信心。

（5）具体的行动计划。

（6）奉献精神。

（7）迷人的个性魅力。

（8）同理心与理解力。

（9）责任感。

（10）协作精神。

（11）果敢。

（12）善于与下属沟通。

（13）激励和表扬下属。

（14）敢于冒险。

（15）创新意识。

（16）远大的目标。

美国一家有名的管理顾问公司曾经对近4000名高级经理人进行研究调查，结果显示，每一种领导个性都会对团队的工作氛围产生直接、独特的影响，并最终影响到团队的业绩。所以，管理者应当把自己具备的良好素质、品格、作风等个性特征有机结合起来，形成独特的人格魅力，从而形成独特的管理风格。

用"六项精进法"修炼自己

日本的经营大师稻盛和夫一手创办了两大世界顶级企业——京瓷和KDDI。他善于采用信仰的精神力量来激励自己、约束自己，不断提升自身的领导素质和修养。

稻盛和夫把自己50年来的企业经营管理经验升华为哲学理论，总结出了"六项精进法"。管理者如果能按照这套法则来修炼自己，就可以提升自身管理素质。

稻盛和夫的"六项精进法"是：

1. 付出不亚于任何人的努力

想成为领导他人的人中骄子，就必须付出不亚于任何人的努力。如果你做不到最基本的这一点，那么就难以成为一个卓越的管理者。

2. 要谦虚谨慎，不要骄傲自满

稻盛和夫认为，谦虚是最重要的人格要素。且"要谦虚，不要骄傲"并非只针对成功后骄傲自大的人，还要求经营者在小企业成长为大企业的整个过程中，始终保持谦虚的态度。

稻盛和夫说："'谦受福'是一句非常重要的格言，我下决心信守这句格言。在这个世界上，有些人用强硬手段排挤别人，看上去也很成功，其实不然。真正的成功者，尽管胸怀火一般的热情和斗志，但他们同时也是谦虚的人、谨慎的人。"

3. 不断反省，不断提高

稻盛和夫说："提高心性就能扩展经营。也就是说，不磨炼自己的灵魂，就无法搞好经营。"

一天的工作结束后，回顾一天做的所有事情，进行反省是很有必要的。比如，想想今天有没有使人感到不愉快？待人处事是否亲切？是否表现出了傲慢的姿态……回顾自己的一天，想想冒出了多少"自我"，抑制这种"自我"，让"真我"也就是利他之心活跃。通过反省，思考自己的言行是否正确。这样长期坚持下去，会让自己少犯很多错误。

4. 要多多感恩，学会"感谢"

稻盛和夫说："'感谢'非常重要。我们要感谢周围的一切，因为我们不可能单身一人活在这世上。空气、水、食物，还有家庭成员、单位同事，还有社会——我们每个人都在周围环境的支持下才能生存。不，与其说是'生存'，不如说是'让我生存'。"

怀抱一颗感恩的心去看世界，你就会发现，其实我们能够健康地活着，就已经很幸福了。时常抱以感谢之心看待身边的人和事，我们就能够感受到人生的幸福。

5. 要多多行善

中国有句古话："积善之家有余庆。"多行善，多做好事就会有好报。不仅当事人，就连家人、亲戚也会有好报。一人行善，惠及全家以至亲朋好友。所以，我们每个人都应该多行善，多为他人考虑，当每个人都把自己的东西赠予他人一些就会发现能收回更多的温暖。

6. 理性思考，端正心态

稻盛和夫说："要对过去的事进行深刻的反省，但不要因此在感情和感性的层面上伤害自己，加重自己的心理负担。要运用理性来思考问题，迅速地将精力集中到新的思考和新的行动中去。我认为，这样做就能开创人生的新局面。"

人生不如意事十之八九，困扰是人生的常事。如果我们总是为了已经失败的事而懊悔、生气，毫无意义。我们不要让已经过去的事情再困扰自己，要学会调节自己的心态，在遇到烦心事时，主动将自己的注意力转移到新的事情上去。

第二章

自强

——持续学习，不断提升自己

第一节 自我塑造，不断提升

持续学习是一种能力

想成为一个优秀的管理者，就一定离不开持续学习，就像手机每天都要充电的道理一样。持续性学习，才能不断精进。

据报道，一位通信行业年薪不菲的部门经理因为年度考核不合格而被劝退。他曾是名牌大学毕业的天之骄子，在公司待了将近 20 年，为公司开疆拓土立下过汗马功劳。然而随着时代的进步，通信领域的技术也在不断创新和发展，一切都发生了翻天覆地的变化。过往的知识已经逐渐被淘汰，然而已经形成的思维定式让他没有丝毫的察觉，没有花时间去学习新知识，过于依赖经验和感觉，直到在一项决策中因为他的失误导致了公司重大损失，从而失去了公司的信任，最后只得走人。

时代在发展，公司在进步，人的知识也需要不断地迭代升级。而我们周围的大多数人，依然和上面那位经理一样，躺在过去的功劳簿上故步自封，失去了学习的能力，一步步毁掉了自己的前途。

微信从诞生到现在，经历了上百次的迭代演变，才有了我们今天看到的样子。操作系统 XP 再好，也终究会被 WIN10 所取代，这就是大势和规律。如果你很久没有升级自己的"操作系统"，一味吃老本，懒得学习，不常给自己洗洗脑，毫无疑问，最后一定会被时代所淘汰。

李笑来在《财富自由之路》中提到：成长的方法是什么？答案只有一个：学习。人类之所以能够进步，能够成长，就是因为人类具有学习能力，我们把"学习""进步"和"成长"统一称为"进化"。要想得到不断进化和成长，便需要我们在学习这条路上一直走下去。而那些懂得通过坚持学习为自己不断赋能的人，哪怕是再普通和平凡的人，最后也有实现逆风翻盘的希望和可能。

如何做到不断学习，让自己成为一个优秀的管理者呢？答案就在于你的选择！学海无涯，选择学习什么大于你没有方向的努力。

人生是可以设计的。人生是要有蓝图和状态。何为蓝图？就是你要定位自己最终要成为什么样的人。谁是你前行中效仿的榜样。怎么做，才能达成终极目标（自己想要的结果）。何为状态？状态就是能量，就是达成愿望的过程中需要的能力。持续性学习就是持续补充能力，就好比每天吃饭就在于延续生命。而不断学习充电，就是让人活得光鲜亮丽，有尊严和价值。

不愿意为生命充电，就要为生活的艰辛而劳心劳力。缺乏维护生命尊严的能力，就会遭遇别人的轻视，就会有被别人不屑一顾的苦恼，就会有暗自神伤的感叹与无可奈何的泪水。

当下的时代发展趋势，人们真正缺少的不是金钱，而是缺少如下的两种能力：

不爱学习的人缺少学习力。在职场中，缺少学习能力，你就会原地踏步，不能前进。

一个人只有选择持续不断学习，才能让心灵的一片乐土永葆春暖花开、万紫千红。

身为团队管理者，你需要从以下几个方面为自己"充电"。

（1）根据职业和工作性质选取知识。

研究表明，人们经常用的知识仅占其知识总量的10%~15%，这些常用的知识又根据个人特有的知识和工作性质，按照其内在联系形成一个科学的系统。

管理者的工作任务很重，时间也很宝贵，因此不加选择地盲目求知，只能耗时又耗神。因此你应当根据自己的职业和工作性质，将宝贵的时间和精力有选择性地用于学习"扇形分布状"的系统化知识上。这样不仅保证了知识面的"广"，也能让这些知识有效地运用于实际工作之中。

（2）掌握本行业信息的最新动向。

企业的最终目标都会落实到产品和服务上，因此你的最终目标也要落到产品和服务上。随时关注本行业信息的最新动向，才能找到学习专业知识的方向，把握本行业市场的脉搏，从而提升产品和服务质量。

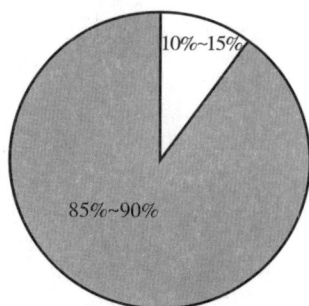

□ 常用知识　■ 不常用知识

（3）熟悉与本职工作有关的法律法规和相关政策。

管理者必须掌握与本职工作有关的法律法规和相关政策，这样才能保证依照政策、法规办事，维护法律的尊严，敢于同违法行为做斗争。此外，不仅要依照法律法规严格要求自己的言行，还能据此更好地管理团队，运用政策和法律维护企业的利益。

努力提高自己的情商

情商（EQ）又称情绪智力，它主要是指人在情绪、情感、意志、耐受挫折等方面的品质。包括五大能力：

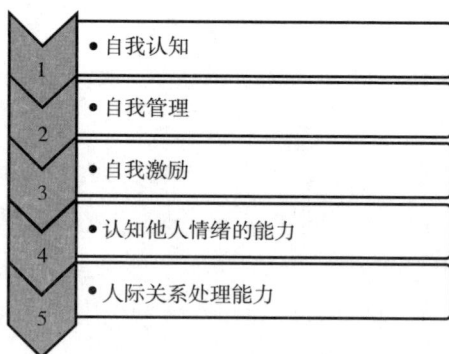

1 • 自我认知
2 • 自我管理
3 • 自我激励
4 • 认知他人情绪的能力
5 • 人际关系处理能力

科学家研究表明，在一切成功的要素中，智商大约只占20%，出生环境、机遇等占20%，剩下的60%依靠的是情商。所以，管理者要注重自我情商的培养。

1. 情商高低的判别

（1）高情商的表现。

①尊重所有人的权力和人格尊严。

②不将自己的价值观强加于人。

③对自己有清醒的认识，能承受压力。

④自信而不自满。

⑤人际关系良好。

⑥善于处理生活中遇到的各种问题。

（2）较高情商的表现。

①是负责任的好公民。

②自尊。

③有独立人格，但在一些情况下易受别人焦虑情绪的感染。

④比较自信而不自满。

⑤较好的人际关系。

⑥能应对大多数的问题。

（3）情商较低的表现。

①易受他人影响，自己的目标不明确。

②比低情商者善于原谅，能控制大脑。

③能应付较轻的焦虑情绪。

④把自尊建立在他人认同的基础上。

⑤缺乏坚定的自我意识。

⑥人际关系较差。

（4）低情商的表现。

①自我意识差。

②无确定的目标，也不打算付诸实践。

③严重依赖他人。

④处理人际关系能力差。

⑤应对焦虑能力差。

⑥生活无序。

⑦无责任感，爱抱怨。

2. 情商的提升

那么，情商包括哪些内容呢？如何提高自己的情商？以下介绍的是提升情商的几种方法。

（1）自我认识。

一个人对自己感情的认识能力是感情智力的基础。谁能够更好地把握自己的感情，谁就能更好地驾驭生活。要开发自我认识能力，需要随时注意自己的直觉。直觉往往在你未觉悟到时就发生了，通过下意识的努力，可以提高人对直觉的自知力。

（2）自我激励。

兴趣、热情和信心等情感的激发，是取得成功的关键。调查表明，各个领域的杰出人物有一个共同特点，就是激励自己坚持不懈地进行努力。为成功不断激励自己，需要有明确的目标和乐观的态度。悲观主义把失败解释为"我真无用"，而乐观主义者却理解为"可能是我的方法不对"。由于乐观主义者将失败归咎于当时所处的形势而不是自己的无能，因而激励自己去进行下一次尝试，直到取得成功。

（3）情绪调整。

情绪不论好坏都是为生活调味，也构成一个人的性格。要调整的是情绪的平衡能力。人们很难控制不受感情冲击，但可以控制其持续时间。散步、运动、独处或其他分散注意力的方法都可以调整或控制情绪。

情绪自我调整的本质是延缓冲动的能力。人生就像摘桃子，太急躁只能收获青涩的桃子，太慢桃子就烂了，不早不晚的时机需要观察和等待。所以，人要善于控制自己的冲动，等待时机，急于求成反而欲速则不达。

（4）建立良好的人际关系。

一个人的成功，离不开周围人的帮助和支持。如果遇到了挫折和失败，更需要重新聚集资源才有可能东山再起。俗话说："一个篱笆三个桩，一个好汉三个帮"，拥有良好的人际关系网的人，与朋友或权威专家建立了可信赖的关系，就能够得到各方面的支持，成功的可能性就更大了。表2-1是成功者与失败者的心态对照。

表 2-1 成功者与失败者的心态对照

序号	状况	成功者	失败者
1	犯错时	我错了，要改进	这不是我的错
2	成功时	归功于幸运与全体努力	归功于自己
3	失败时	努力不够，方法不好	运气不好，别人配合不好
4	问题	面对它，找办法	逃避它，找借口
5	坚持与妥协	事情坚持，自己利益妥协	事情妥协，自己利益坚持

📖 提升自我管理能力

如果你已经确立了自己的方向，在塑造自我的过程中，就要抓住机会进行自我管理能力提升。以下方法值得参考：

（1）遇到问题勤于思考，多准备几个解决方案。

（2）多向上司学习，了解上司对自己的要求。

（3）平时学习一些关于管理方面的知识。

（4）在工作当中提高对自我的要求。

（5）依靠工作年限来提高工作经验和管理水平。

（6）以身作则，同时严格要求下属。

（7）总结自己的缺点，加以改进。

（8）学习、观察、实践。

（9）接受新事物、新理念，不故步自封。

（10）多参加公司开设的管理培训、技能培训等活动。

（11）多听取同事对自己个人的意见，有错误敢于及时纠正。

（12）自修。

表 2-2 是一个自我提升情况的测评。

表 2-2　自我能力提升测评

能力类型	内　容	经常	偶尔	从不
目标志向能力	①经常订立长期、短期目标，并向它发起挑战			
	②达成目标后，向下一个目标挑战			
	③预测将来趋势，努力达成目标			
	④订定具体的计划以达成目标			
	⑤在了解公司整体方针的基础上订立部门目标			
	⑥实行有计划的生活方式			
	⑦以行动来配合目标意识			
	⑧订立的目标不低，必须付出很大努力才能达成			
	⑨让下属也拥有自己的目标			
	⑩运用目标管理			
组织能力	①根据下属的能力来分配工作			
	②掌握每个下属的优缺点			
	③积极承担困难工作			
	④促进团队精神			
	⑤良好授权			
	⑥对下属的报告及时反馈，并对所提出的问题彻底核查			
	⑦不会为了自己方便而把能力强的下属固定在某个职位上			
	⑧不过度干涉			
	⑨不管结果如何都能承担责任			
	⑩与其他部门配合默契			
管理能力	①业务知识丰富			
	②能正确掌握现状			
	③对信息有取舍的能力			
	④决策时不会犹豫不决			
	⑤钱、物管理完善，不浪费。			
	⑥执行时能做到迅速、准确、经济			
	⑦能向上司提出建设性的意见			
	⑧与关系者或交易商交涉时具有前瞻性			
	⑨谈判时不感情用事			
	⑩做事有恒心			

续表

能力类型	内 容	经常	偶尔	从不
培养下属的能力	①能使下属发挥问题意识及工作欲望			
	②能正确评价下属的能力及适应性，并导向正确的方向			
	③能正确地掌握下属的优、缺点，并告诉他们			
	④能利用刺激或更换工作的方法消除职业倦怠			
	⑤能明确提出目标并促使达成			
	⑥能积极透过实际工作培育下属			
	⑦适当放权			
	⑧有心提升下属			
	⑨计划性地与下属沟通			
	⑩斥责下属会注意场所及时机			
人格魅力	①对待工作及生活都很认真			
	②知识面广			
	③开朗、幽默			
	④情绪稳定、沉静			
	⑤谦虚并热心倾听别人的谈话			
	⑥不出卖别人，值得人坦诚相待			
	⑦做事小心谨慎			
	⑧具有上进心			
	⑨内涵丰富			
	⑩努力让自己更有魅力			
自我革新能力	①目标明确并付诸努力			
	②有能力避免职业倦怠			
	③保持好奇心			
	④善于调节情绪			
	⑤肯挑战体力及能力的上限			
	⑥自动挑战困难			
	⑦每天都能设法激励自己行动			
	⑧每天自我反省并自我充实			
	⑨肯为自己的将来投资			
	⑩有计划地、持续地自我启发			

📖 提高职业综合素养

职业综合素质决定一个管理者在职场的高度。管理者自我提升的首要任务就是提升自我的职业综合素质。

1. 职业形象

包括职业着装、商务礼仪等。这将最直接地体现一个人的职业素养，简要概括为举止得体、仪表大方、谈吐温文尔雅。

2. 职业道德

正直诚信，注重职业形象、行业声誉。规规矩矩做事，堂堂正正做人。

3. 职业技能

包括时间管理能力、有效沟通能力、客户服务能力、分析问题与解决问题的能力等。

4. 全局观念

公司的每个部门和每个岗位都有自己的职责，但总有一些突发事件无法明确地划分到部门或个人，而这些事情往往是比较紧急或重要的。作为员工应该从维护公司利益的角度出发，积极地去处理这些事情，担负起责任。

5. 时间观念

一个没有时间观念的人会让人没有信任感，一定要做时间观念很强的人。

6. 心理素质

面对工作中的挫折、差距、失败、否定，能够自我调整，并保持平衡心态。

7. 适应能力

能够迅速适应环境的变化，不断创新和提高自己。未雨绸缪，防患于未然，有强烈的危机意识。

8. 成本意识

为了公司利益，做事考虑工作效率和工作成本。

9. 角色认知

对上司的决策不盲从。如有不同意见，应坦陈自己的观点、见解。即使不被采纳，也不可指责和抵触，而应努力适应与合作，不折不扣地执行。

10. 有效沟通

懂得面对不同的沟通对象，选择合适的沟通方式，并懂得巧妙运用沟通的基本要素，即表达、倾听、反馈。

（1）与主管沟通。

①主动与上级主管就下一步工作打算进行沟通，以便统一思路，提高效率。

②懂得复命——完成上级下达的工作任务后，应及时向上司反馈工作结果，而不是被动地等待上司过问。

（2）内部沟通。

在推进工作的时候，和团队内部相关部门的人员保持沟通，以便取得支持。

（3）外部沟通。

主动与客户联系，并将客户反馈的情况及时传达给主管领导或相关同事。

11. 注重原则

处理工作中的冲突应控制情绪，运用对事不对人的原则。

12. 团队精神

简化关系，避免是非。将同事关系定位为工作伙伴，不以私人感情影响工作关系。能够在团队中找到自己合适的角色定位，与其他成员一起为团队发展作出自己最大的贡献，实现团队的目标。

13. 工作与生活

善于将工作与生活分开，不将生活中的负面情绪带到工作中，也不因工作压力影响了生活质量。

第二节　打造影响力，让自己成为核心

以身作则就是领导力

身为管理者，不仅要善于表达，在言辞上折服下属，更重要的是能够做出表率，以身作则，严于律己，用行动感化下属。

"其身正，不令而行；其身不正，虽令不从"，意思是说，只要自己的行为端正，就算不下任何命令，下属也会自觉去干；如果自己的行为不端正，那么无论制定什么规章制度，下属也不会遵从执行。从这个角度来说，以身作则是最有效的管理方式之一。

团队管理者作为一个团队的中心，其一言一行都会受到团队成员的关注，也会对员工形成影响。所以，要想让员工听从你，心甘情愿地追随你，首先就要懂得"正其身"。管理者只有带好头、树好榜样，才能赢得下属的信任与追随，这是任何法定权力都无法比拟的一种强大的影响力和号召力。管理者职位越高，就越应重视给人留下好的印象，因为你总是处于众目睽睽之下。

能以身作则的人浑身都闪耀着一种人格魅力，会有形或无形、有意或无意地感染他人。因此，管理者无论职务多高、权力多大、资历多深，都应该在要求下属做到之前自己先做到，这样才能树立起威望，增强执行力。

如果管理者不能严于律己，却又对员工要求严格，员工自然不会服从。作为引领者，要扮演好带队者的角色。要做到"平常时候看得出来，关键时刻站得出来"。"平常时候看得出来"，是个人素质、潜在能力和品质的体现；"关键时刻站得出来"，是勇气、原则和实力的展现。很多人在关键时刻丧失领导力的原因就在于要求下属"照我说的做"，而不是"照我做的去做"。在关键时刻不能坚持原则，更没有勇气和实力站出来，也

就做不到"看我的"。

事实上，任何一个管理者的行为，都会影响他的追随者和身边的每一个人。追随者会通过一种被称为"示范"的学习过程而受到影响。这种影响在平时是潜移默化的，也许不会被清醒地认识到，可在关键时刻却会迸发出强大的力量。

作为一个管理者，只有成为具有强大影响力的带队者，才能促进团队成长。一个懒懒散散的管理者，其下属也不会勤快到哪里去。管理者应该注意自身的榜样作用，注意自身的一言一行。

以身作则，就是管理者的领导力。管理者要经营和管理好一个团队，需要具备多方面的能力，但最基本的一条则是树立榜样，你希望员工如何做、做到什么程度，你就应当先给他们做好示范。

振臂一呼应者云集的领导力绝不是领导职位本身赋予的，没有追随者的管理者剩下的只是职权威慑的躯壳。因此，管理者必须以身作则，养成良好的工作习惯和道德修养，只有这样，才能获得更多的追随者，获得更多、更优秀的人才，凭此成就一番事业。

承担责任，与员工共进退

工作过程中，难免会出现失误与过错，管理者对待这种事情的态度往往会极大地影响员工的状态。犯错并不可怕，可怕的是否认和掩饰错误。勇于承担责任，与员工共进退的管理者，会让员工觉得你是一位有责任心、有担当的人。因为责任而树立起的威信更能让员工信服，从而赢得员工的尊重和支持；否认和掩饰只会一错再错，失去员工的信任。

作为团队的管理者，能否主动承担责任，体现了管理者的品格和气度。管理者不仅应该勇挑重担，更要在出错的时候率先承担责任，把失误甚至失败的责任也放在自己肩头。

李嘉诚认为：员工的错误就是管理者的错误。李嘉诚是一个非常宽厚的人，十分体谅下属的难处。

多年的经商经验让他懂得，经营企业并不简单，犯错是常有的事情，所以一旦在工作上出现错误，李嘉诚就会带头检讨，尽量不让下属陷于失败的阴影。他时常说："下属犯错误，领导者要承担主要责任，甚至是全部的责任，员工的错误就是公司的错误，也就是领导者的错误。"

李嘉诚的诚恳态度令人敬佩，他勇于承担责任、不找任何借口推脱的习惯，还要从他小时候在舅舅家打工的经历说起。

当时，初到香港的李嘉诚，在舅舅家的钟表公司工作。他非常好强，不愿落在别人后面，做事情总是想着如何超越他人。即使在别人休息时，他也在学习如何修理钟表。为了尽快提高自己的技艺，李嘉诚还专门拜了师傅，遇到不懂的问题就去请教师傅。师傅觉得李嘉诚非常聪明，而且又如此好学，也很诚意地教他。

有一次，师傅因为被派到外面去工作，李嘉诚便自作主张地开始自己动手修手表。但由于欠缺经验，不但没有修好，反而把手表给弄坏了。李嘉诚知道自己闯了大祸，他不但赔不起手表，还有可能丢掉这份工作。

然而当师傅回来发现李嘉诚把手表修坏后，却没有骂他，只是轻描淡写地告诉他下次不要再犯类似的错误。师傅主动找到李嘉诚的舅舅，解释说是因为自己一时疏忽把手表掉在地上弄坏了，要求给予处分，绝口不提李嘉诚修表的事情。这事使李嘉诚深有感触，本来是自己的错误却让师傅承担下来，李嘉诚觉得过意不去，于是就向师傅道谢。结果师傅告诉他："你要记住，无论以后做什么工作，作为领导者就应该为自己的下属承担责任，下属的错就是领导者的错，领导者就应该负起这个责任；否则，就不配当领导。"

尽管当时的李嘉诚年纪很小，不能完全领会师傅的意思，但是这句话却如同烙印一样深深地印在他的脑海里——主动为下属承担过失的领导者，才是一个好领导。

在出了问题的时候，管理者主动承担责任而不是逃避、推诿，不但可以稳定军心、保持士气，还有助于找到症结、解决问题。即使承担了一时难以辨明或与自己无关的责任，也不要紧，这样既可以彰显品格、凝聚人心，又可以在事情水落石出后，赢得员工的敬重。

不找借口，勇于承担责任的管理者，展现的是一种高风亮节的精神与光明磊落的作风，不仅能让上司器重，更能令下属钦佩和服从。

📖 用业绩树威，赢得他人追随

作为一个团队的管理者，你就是团队的核心，你的言行如果被团队成员认可，就能有效指引团队的决策和行动。具有"领袖气质"的管理者一般都具备较强的业务能力。如果一个管理者懦弱无能，那么，无论他怎样努力也是不可能让人信服。管理者要想在组织中占有一席之地，就必须有所作为。

管理者要赢得下属的认同和追随应当遵循一条原则：靠骄人的业绩为自己树立威望。骄人的业绩可以改变追随者对管理者的看法，使他们看到管理者的才能、力量、意志和韧性，从而使管理者的威望大大增强。

成功的业绩之所以特别重要，是因为它是管理者具备非凡能力的最充分、最有力的证明，是领袖气质的源泉。卓越的业绩，可以让管理者获得很高的美誉度，从而获得更大的权威和个人魅力。管理者的权威和领导魅力是在实践中建立和不断提高的。管理者要赢得下属的追随，就需要依赖业绩树威，不断在实践中建立自己的威望，靠成就提高自己在下属中的影响力。

俗话说得好，不要听一个人"所说的"，应当看一个人"所做的"。职场中，业绩是证明能力的主要尺度，更是提升个人魅力，获得忠实追随者的重要因素。很多被视为有魅力的管理者，他们在成为管理者之前，都曾经有过辉煌的业绩。

在这个以业绩为主要竞争力的时代，没有能力改善公司业绩，或者不能出色地完成本职工作的人，是不可能将人心聚拢在自己周围的。所以不管你在公司的地位如何，不管你的学历如何，想在公司里成长、发展，得到更多人的支持，就需要用业绩来证明自己的超凡能力。

📖 善于总结、学习、思考

管理者要经常总结自己的团队工作，方方面面、条条块块，每个阶段每件事情都要及时全面总结，从中发现成功和不足、经验和教训，通过反思、总结，继而提炼出对工作有帮助的东西，然后加以推广和发扬。

总结、学习、思考是不断进步的三个阶梯

海尔集团创始人张瑞敏曾在给德鲁克的书作推荐序时写道："有效性的学习是一种挑战，一种实践，你既不挑战自己的目标，又不去应对市场的挑战，就不会有学习有效性的动力和压力。"

2017年5月，张瑞敏接受了《经济观察报》的采访，谈了自己的读书方法以及他主要读哪方面的书。

首先，张瑞敏说，自己平均一周会看两本以上的书，一年下来大概要看一百多本书。这么大量的阅读，张瑞敏是如何做到的？有两个方法。

其中一个方法是把自己放进去读书。如果读书不把自己放进去，可能你读了以后什么都忘记了。比如张瑞敏一开始读的比较多的是管理学方面的书，后来包括读哲学、古典文学书，读的时候都是把工作中遇到的问题放进去。他认为，如果你读书的时候不把自己放进去，可能你就读不进去。

另一个方法就是抓住20%的要点。张瑞敏认为，一般的书都是二八开，20%是非常核心的东西，80%是为了描述核心而产生的，只要你抓住那20%的要点，就抓住了这本书的核心意思。所以张瑞敏读书的时候，都会先快速地把书浏览一遍，找到有用的要点，再集中仔细看。在时间分配上，张瑞敏是把各种零碎的时间都用来读书，他说自己现在读书已经像吃饭、睡觉一样平常，不看书会觉得少了什么。这么多年累积下来，读书的量自然就比较大。

除了学习，还要善于思考。思考应当是全方位的，做事情之前的构思、计划与决策；过程中的监督、分析与比较以及事后的检查与总结，都需要进行系统的思考。俗话说，不打无把握之仗，要目标明确、准备充分、有的放矢，才能赢得最终的胜利。

成为本行业的专家和处理问题的行家

当今职场中，各领域竞争都异常激烈，如何在竞争中脱颖而出是每个职场人都要面临的重要问题，管理者更是如此。若要胜出，唯有专业。因为熟练，所以专业；因为专业，所以极致。只有专业才能成为专家，只有专家才能成为赢家。员工永远只相信专家，专家代表权威和被信任。

所谓行家就是对该行业事务非常精通的人。团队管理者既要成为本专业的专家，也要成为处理问题的行家。一遇到复杂问题就傻眼是无法成为团队精神领袖的。专家需要专业知识，行家需要广博的知识和丰富的实践经验。

专长是具有吸引别人自动追随你的重要力量，它能够使你成为员工的无冕领袖。

管理者的主要职责是做出正确决策，但并不意味着管理者不需要"一技之长"。一技之长的影响和力量是无穷的，在特定的情况下往往胜过"喊破嗓子""拍破桌子"，能够产生意想不到的效果。管理者的"一技之长"如果能够在最关键的时候体现出来，对于树立管理者的威信、赢得下属的尊重、增强团队的凝聚力是很有帮助的。

如果你是一名"空降兵"，到一个陌生的团队中担任管理者，你更应当掌握过硬的本领，用专长征服下属。

如果你已经带领团队许久，你还需要不断充电，并寻找恰当的展示机会。在当今的信息时代，知识飞速更新着，若是不能及时补充和更新所需要的知识，则很可能不适应岗位而被淘汰，不仅影响了权威的建立，也会影响对团队的引导，更影响个人的职业生涯。

第三章

自尊

——建立威望，用担当服众

第一节　无威无以服众

没有威严，就无法镇住场子

管理者就是公司或者团队的领导人，从某个层面上讲也是一个有追随者的人，故而一定限度上，领导力也被定义为能让人追随的能力。如何才能让人追随自己？合理利用权威是最有效的方法。但并不是有了权威就能保证有心甘情愿的追随者。作为管理者，你所面对的不仅只有员工，还有平级、上级，这时你该怎样应对？在面对这些人的时候，要想成为一个优秀的管理者，还需要你运用一些非权威领导力的锐器，比如"榜样式领导""魅力式领导"等，施展你不俗的管理能力。

意大利的马基雅维利谈论论道："管理者究竟是受员工爱戴好，还是让员工畏惧好？"最后他得出的结论是，当二者无法兼得的时候，让人畏惧是更有效的方法。

通常，管理者站在自身的角度，会觉得自己是一个好人，有的甚至认为他给予员工工作机会，对员工而言就是"救世主"。其实，在员工心中，对管理者的认识却是大不相同。他们有的会真心感谢管理者给他们的工作机会，有的人却会觉得自己的劳动力被管理者无情压榨。这时权威的重要性就显现出来了，但是他们对权威的认识却不足，将权威变相理解为严格、严肃。

有些管理者为了与员工建立融洽的关系，塑造富有亲和力的形象，常常会不遗余力地对员工给予支持和帮助。有亲和力固然是必要的，但要注意度的把握，过于迁就会影响指令执行的效率。要想管好员工，就必须要管好员工的"心"。而将"心"管好的关键在于学会软硬兼施的技巧。何为软硬兼施？一句话来说就是"对事讲标准，对人讲感情"。

不论是谁，在做事的时候我们都要求他遵守企业的制度和流程，这就是所谓的"对事讲标准"，这是基本原则。那么，管理者在管理员工的时候做到以人为本，人性化管理，指的就是"对人讲感情"了。当然，要想做好以人为本的人性化管理，管理者就要学会针对每个员工的心理需求有针对性地沟通和激励。既要严格要求，也要循循善诱，做到严中有爱，让员工更容易接受企业制度并主动把事情做好，如此管理者的权威自然也就出来了。

权威是一种看不见的力量，这个力量包含两方面，即权力力量和人格力量，它是威望和威信的聚合。企业组织只能给你权力，但不能给你权威。权威与权力虽相伴而生，但两者有着本质的区别。权威既不是自己喊来的，也不是自己要来的。喊得越多，只能证明其人越无能；如果只一味地喊下去，不仅喊不来威望，恐怕连手中的权力也终将被"喊掉"。

一个管理者要善于从纷繁琐碎的事务中解脱出来，一个成熟的管理者还必须审时度势地对个人品质中影响威严的诸多因素有清醒的认识，并自觉地去适应时代的要求，尤其要注意以下四个方面：

（1）做到果断而不武断。

自以为是的武断会使人在迷雾中丧失理智，做出错误的决断，给团队带来不必要的损失。威严，并非是逞一时之勇，并非是表面上的轰轰烈烈，而应该是深谋远虑、百折不挠、不断壮大的内在管理能力。

（2）做到王道而不霸道。

管理是智慧和技艺的结合，权威的形成并不是凭"形于色"的张力，也不需要锋芒毕露和咄咄逼人，而要靠精华内蕴的"底气"与出众的业务能力。

（3）做到大胆而不莽撞。

与莽撞相对应的自然是谨小慎微。诸葛亮辅佐刘备三分天下，在征战捭阖中，唯"谨慎"放首位。谨慎并非优柔寡断的代名词，而是深思熟虑，对成就大事至关重要。

（4）做到自信而不狂傲。

不管何人，若喜欢居功且恃才傲物，往往会渐渐陷于自负的泥淖，"井底之蛙，断言无小"，是目光短浅的愚见。真正的管理者，越是事到紧要关头，越是沉着冷静，处乱不惊地静观默察，刚柔相济，化解压力于无形，并在最后取得胜利并赢得大家的尊重。

世间事，纷扰复杂，常左右为难，难以决断。作为管理者，要利用好威严，就需要处理好刚柔强弱的关系，柔中有刚，刚中有柔，刚柔相济，才能自然而然地体现力量，取得员工的信任和尊敬，才能有自己真正的威严。

📖 威信是管理者的第一要素

所谓威信，实际上是一种号召力和影响力，而这种号召力和影响力对于一个管理者来说，至关重要。因为管理者的职责就是带领好员工，让员工齐心协力为团队服务。试想一下，一个没有威信的管理者所带领的团队会是什么样子？工作效率不言而喻，其团队必然是一团散沙。

有人用"领导＝实力＋威信"来概括现代管理者的特征，强调了威信和实力是构成领导能力的元素，而且威信与实力缺一不可。大家都知道，超群的实力对于一个管理者来说非常重要，所以人们在选择管理人员时，总是把实力放在第一位。同时，一个优秀的管理者还需拥有非凡的领袖气质。之所以挑选实力最强的人当领袖，其中一个原因是他们的强大，能在一定限度上得到团队成员的敬佩，而这种敬佩能树立管理者的威信。

员工好比风筝，管理者好比放风筝的人，而威信正是牵着风筝跌宕起伏、左右风筝方向的线，如果没有这根线，那么风筝就像无头的苍蝇。因此失去了威信的管理者，就像失去了掌握风筝的线的人。

> 要想成为一位优秀的管理者，就必须明白一个道理：成功的管理者，是因为他具有99%的个人威信和1%的权力

一位颇有见地的团队经理在一个研讨会上，曾单刀直入地说道："在现实世界里，众所皆知的一流管理者，无一例外地都具有一种罕见的人格特质，他们处处展现出领袖的风范。他们不仅能激发下属们的工作意愿，还具有高超的沟通能力，动之以情，晓之以理，浑身散发出热情。尤为重要的是，他带领团队屡创佳绩，拥有一连串骄人的成绩。如果你要提高自己的威信、赢得众人的尊重和喜爱，需要尽最大的努力影响和争取下属的心。谁能做到这点，谁就能成为一位成功的经理人，而且能完成许多看似不可能完成的任务。"

作为一个管理者，不要以为威严就是威信，威严只能在表面与征服下属，而威信却能在下属心中不断滋长。真正的威信，无论何时何地，都会让下属自动自发地工作。

总而言之，威信是真正促使人们发挥最大潜力，实现计划和目标的"魔杖"。所以，作为一个管理者，要想充分发挥自己的管理能力，就需要建立令人慑服的威信，达到"无言的召唤，无声的命令"的管理境界。

让下属看不透更具威严

1. 距离产生威严，与下属过亲则无威

孔子曾经说过："临之以庄，则敬。"这句话的意思是说，统治者用庄重严肃的态度对待民众，民众则会尊敬你。管理也是同样的道理，如果管理者能和下属保持一定的距离，给下属一个庄重的形象，就可以得到下属的尊敬，树立自己的威严。

如果管理者过分随和，不注重树立对下属的威严，下属很有可能会因此小看你。所以，管理者要通过适当的"架子"来显示自己的权威，这对有效地行使权力是非常必要的。

管理者应当与下属保持适当的距离，既要深入人心，又要超脱其外，不即不离、亲疏有度才能取得最理想的效果。就像法国军事家、政治家戴高乐说的那样："伟大的人物必然会与别人产生距离，因为没有距离就不能树立权威，没有距离就不能产生威信。"可见，只有保持一定的距离才能树立权威，赢得下属的尊敬。

当然，管理者为顺利开展工作可以适当地保持"亲民"形象，但是，绝对要让下属意识到，管理者就是管理者。管理者一旦与下属失去距离感，必然难以随意指挥下属。

还有些管理者过于理想化，试图把所有的下属团结起来，希望大家像家人一样，这无疑难度很大。就算你的下属都与你亲如兄弟姐妹，但是，作为管理者，你与下属之间还是有一层上下级关系，当你的管理者权威和兄弟姐妹之情发生冲突时，你要如何取舍呢？就像《中国合伙人》中的情景一样，当自己的决定和兄弟的观点有矛盾时，伤害就产生了。

由此可见，与下属打成一片往往会带来许多麻烦，增加管理者工作的难度，降低管理者的威严，对管理者工作无益。作为一名管理者，必须善于把握与下属之间关系的亲疏，使自己的管理职能能够得到充分发挥。

那么，管理者如何与下属保持距离，如何把握分寸呢？一般来说，需要注意做好以下几点。

（1）要表明自己的立场。

如果你是由普通员工升职的管理者，需要召开一次集体会议，你要用诚恳的语言坚定地表明你作为一名管理者所持有的立场，让大家清楚地意识到你们之间的关系已经发生了变化，变成了层管理者和下属的关系。

（2）要注意与下属接触的频率。

即使是以前关系要好的一些下属，也不能整天在一起，不分彼此。当然也不需要太刻意地摆出一副高人一等的姿态，这样也会让你们之间产生不和，不利于工作的开展。

（3）保持"神秘色彩"，别让员工看透。

很多卓越的管理者都给人一种和蔼可亲的感觉，但是他们又让人感受到一种不怒而威的威严。这是因为他们拥有高超的管理之道、超强的管人方法。很多深谙管理之道的管理者，时常扮演着"含而不露"的形象，让人觉得深不可测，对他们多了一份敬畏之心。

卓越的管理者从来不轻易让下属看出他有多大的智慧和勇气，他们正是抓住了人们的"平静的海水往往比波澜壮阔的海水更可怕"的惯性心理，在建立个人威严的时候采用了不轻易显山露水的招数。他们不会让人看到自己的极限，不会让人看清自己的底牌。因为没人看透他们，所以，别人才不敢轻举妄动，会对他们多一份敬畏。

寓言故事《黔之驴》中，老虎一开始被驴的声势所震慑，"庞然大物也，以为神"，怀着敬畏、恐惧之心，可后来渐渐地就发现这驴"技止此耳"，老虎心中暗喜，于是便来扑食，驴便一命呜呼了。试想，如果驴能聪明一点儿，不把自己的本事全显露出来，或许老虎根本就不敢靠近它。

如果你希望人们注视你、尊重你，就应当含而不露。你越是大肆张扬、暴跳如雷，下属就越是不怕你；相反地，你越是默不作声、含而不露，下属就越是对你毕恭毕敬。别人看不透你，也就无法琢磨你，所以也不敢轻视你。这种让人无法揣度的神秘感会让人对你肃然起敬。

塑造神秘的形象是每个管理者
必须学习的一课

那么最简单有效的方法是什么呢？

首先，绝不向下属过多解释。不解释原因，不解释你做的事，即使你必须说出真相，也不要全盘托出，应该半藏半露。比如，当下属感叹你在极少的时间完成了众多的工作时，不要向他们解释你天天回家加班加点，你做的只是示以微笑；当下属发现你双眼通红，你别告诉他你和朋友喝酒了，而应笑而不语；当你三天之内就做出了一个重要的营销策划案，其实你只是将一年前早已拟好的那份方案稍加修改而已，当别人惊讶时你同样还是笑而不语。不解释的笑而不语，会让你充满神秘感。

其次，沉默不语。沉默，有时候是精明之人的攻心术。作为管理者，要沉得住气。要在批评之前或者批评之后适度保持沉默，让下属有时间冷静地想想自己的所作所为，这种冷处理更能对当事人形成一种威慑感。这种点到为止的指责不仅保留了犯错之人的颜面，而且也显示出了管理者的宽广胸怀。这样的震慑方式要比大发雷霆、狠狠地批评好得多。

由此可见，如果你希望得到大家的尊敬，就应该保持一些神秘感，而要让人无法测量你的能量，从而不得不对你心生敬畏。这种方式在管理场合是一个非常重要且有效的立威方法。它可以让你众所周知，却无人能懂，从而无人能猜度，威严就油然而生。

2. 不要轻易让人看见你的缺点

每个人都有两面性，就像是每个人身上都挂着两个袋子，一个袋里装着优点，我们通常把它露在身前；另一个袋里装着缺点，我们把它藏在身后。

作为一位管理者，在塑造自己威严的时候，要注意保护自己的隐私，不得让员工窥视自己工作上或生活上的内情，以免丢掉管理者的身份。因为管理者的位置决定了他要受到下属的瞩目，一旦出现了不应该出现的行为，就等于将小辫子直接塞到了下属的手里，这对管理者来说是非常不利的。当你因为下属犯错、违纪要惩罚他们时，他们会拿你的"辫子"要挟你。这样何来威严？

所以，就要在平常工作、生活中注意保护自己的隐私，要让自己的言行光明正大。不要让人看透你，以免影响自己的权威。

要做到这一点，管理者应该注意以下几点：

（1）公私分明。

公是公，私是私，管理者不可以把过多的私人关系卷入工作中。比如一些与工作无关的私人交往，或者不便于公开的私下交往，最好不要在公司暴露。

管理者的家庭住址最好离公司远点，这样可以有效地把公事、私事分开来。管理者在与自己的亲戚朋友之间往来时，留地址也应该留家里的，而避免留公司地址。

（2）管好自己的私人用品。

一些生活小用品也在向他人传达着你的信息。很多步入社会的人都懂得看人、读人，他们不仅会根据和你来往的人看你是什么人，也会根据你的日常用品来判断你这个人。因此，管理者要管理好自己的生活用品，个人物件最好不要带到办公室里。带到办公室里的必需品也要刻意保管好、整理好。

（3）一些私人活动，也以远离公司为妙。

比如你请朋友吃饭，席间闲谈一些私密的事，如果碰巧撞见你的下属，可能出现很尴尬的场面。所以，私人活动要想进行得顺利和舒心，就应该远离公司。

（4）和自己身边的人搞好关系。

在工作中，你接触越多的人，窥视你的机会就越多，所以最好不要与这类人产生敌对关系。因为你们的关系友好，你的一些小缺点他们容易接受，并且会主动维护你的形象；如果你们之间有隔阂，那么他们就像安插在你身边的监视器，会时不时把你的小毛病用"放大镜"显示给其他人看。

世界是复杂的，为了管理工作的顺利进行，你必须要全方面维护自己的威严。

> 团队管理者的权威来源于八个字：
> 能、信、情、才、勤、廉、公、新

📖 以能树威，以才助威

管理者的能力是对组员形成影响和产生吸引力的第一要素。不言而喻，谁也不愿意自己的管理者是个"草包"。

这里的"能"，首先是管理能力。一个团队管理者的管理能力，决定了团队人员的素质与结构、管理与工作的水平，从而也就在很大程度上影响团队的成功。管理者具有良好的管理能力，才能享有较高的威信。

除了管理能力，一个管理者必须具有一定的知识素养和技术水平，在专业方面达到较高的层次，成为本部门、本行业的内行，才能享有较高的威信。

我们在谈论能力的时候，更多的是指工作能力，而才华不仅包括工作能力，也包括其他的各种素养，比如文采、歌舞才艺等。一个才华横溢的管理者，可以使人产生一种信赖感和安全感，即使在非常困难的情况下，员工也会同心同德地跟着他去战胜困难。

📖 以情立威，以信取威

情就是上下级之间、管理者和员工之间同志式的感情。这种感情是建立在相互支持的基础之上的，有了这种感情，管理者和下属就能同甘共苦。以情感与团队成员打成一片，能够产生一种持久的威望，使人们心甘情愿为你效力。

诚信是指待人处事真诚、讲信用，一诺千金。主要包括两个方面：一是指为人处事真诚，尊重事实，实事求是；二是指信守承诺。

古人云："言必信，信必果。"言必信就是说话一定要讲信用，不食言，不说空话、假话，只有这样才能获得员工的信任。

以廉生威，以公助威

廉是清廉，就是不贪取不应得的钱财；洁是清白，就是指人光明磊落的态度，廉洁就是说我们做人要清清白白、光明磊落，不损公肥私、不贪污敛财。

管理者要建立自己的威信，必须把廉洁作为一个自我修养的主要方面，反对奢侈浪费，不为金钱所惑，不为物欲所误。

廉洁本身就包含了公平，但仅有公平还是不够的，还必须公正、公开，"三公"是现代社会的基本要求。故而，管理者在工作中要做到公正、公平、公开，切忌亲我者近之，疏我者远之。用人为贤，不要任人唯亲。

以勤增威，以新创威

德、能、勤、绩、廉是评价管理者经常用到的指标。其中，德指思想品行，能指工作能力，勤指工作态度，绩指工作业绩，廉指清正廉洁。

工作态度包括工作的认真度、责任度、努力程度等。良好的工作态度更容易获得员工的认可。实际上，良好的工作态度还能给员工树立良好的表率作用。

另外，具有良好的工作态度才能与员工打成一片。管理者要与员工交朋友，及时发现和帮助员工解决生产、工作、学习和生活中的各种实际问题，拉近与员工的关系。身为团队管理者，不主动去学习先进的管理经验，不去尝试新的工作方法，团队工作就不能顺利开展。团队成员也不会以你为榜样，所谓的威信就无从谈起。

管理者要在尊重科学、尊重规律的基础上不断创新管理、创新技术，创造性地开展各项工作，使团队在市场竞争中立于不败之地。

管理者们要想更好地将下属团结在自己周围，就得树立起相应的威信，创造出适应自身环境的管理方式。那么，团队工作也就会更加有条不紊地进行。

第二节　用担当在员工心中建立威望

树立敢于担当的良好形象

作为管理者，面对困难应该有冲锋在前，绝不逃避的精神。当问题出现时，如果不能站出来勇敢地说："这是我的责任！"反而一味推脱，这是任何团队成员都容忍不了的。任何组织或者团队都需要冲锋在前，绝不逃避的管理者。只有在工作时勇往直前，出现问题时敢于承认过失、承担责任，才能获得团队成员的认同和爱戴。

事实上，一个团队的发展目标能否实现，很大限度取决于管理者的责任意识和处理问题时的方法与手段。一个优秀的管理者，会主动出面承担因自己员工犯错而带来的责任，并给团队成员足够的时间和空间进行反省和调整，并把这种责任化为工作的动力，使员工忠诚地追随在自己的周围。

如果一个人坐在管理者的职位上，却不能承担更多的责任，缺乏最基本的职业道德，就会遭到他人的轻视和离弃。

有一家公司的车床车间主任，手下管理着一百多位技工。有一次，他正带着几名员工制造一个精细零件，恰逢总裁到车间巡视，发现其中一个零件上有瑕疵。碍于总裁在场，车间主任害怕自己挨训，就把责任推给了其他技工。总裁一看他这种做法，很是不悦，当着全车间的人把他数落了一顿，使得他羞愧难当。

管理者就应该敢于担当，不能一遇到事情就推卸责任，洗白自己，其实这对你没有任何好处，只能越发突显你没有担当。

📖 以身作则，律己才能律人

管理者自己犯了错误，主动惩罚自己，这样做的积极意义比制定一千条规定都要强得多。纪律面前人人平等，只有管理者自己带头去遵守，员工们才会严格执行。作为管理者，需要谨记：任何制度的有效推行都比不上管理者的身体力行。

大多数人都不喜欢被纪律约束，因此，身为管理者，必须真正地以身作则，让员工认识到纪律是必须要严格执行的。

孔子曰："其身正，不令而行；其身不正，虽令不从。"一些管理者，特别是高级管理者自身不正，不能以身作则，导致团队出现"有令不行，有禁不止"的现象。故而管理者必须严于律己，加强自身的思想道德修养。

作为管理者，不能自律，就无法以德服人；如果无法取得员工的信赖和认可，将必败无疑。若想培养良好的自律性，做员工的表率，以下两点需要身体力行：

1. 乐于接受监督

日本最佳电器株式会社社长北田光南，为了约束自己，创立了一套"金鱼缸"理论。他说，员工的眼睛是雪亮的，他们会密切关注着管理者的一举一动，假如谁以权谋私，被他们知道以后就会被瞧不起。"金鱼缸"式管理就是透明式管理，管理的透明度越大，越将自己放置在广大员工的监督之下，就越会对自己加强约束。

2. 保持清廉俭朴

作为一位管理者，最起码要保持自己的节俭行为，无论大小，都具有非常强的导向作用。管理者的言行举止是员工时刻关注的中心及模仿的榜样。

要想成为一个卓越的管理者是相当困难的，不过，清廉俭朴是一个管理者最起码要努力做到的。

📖 敢于揽过，敢于撑腰

一个人敢于揽过，敢于负责，这是顾全大局，是良好的个人修养和境界的体现。一个想成就一番大事的人，必须要在周围人的心中树立良好的形象，只有这样才能在员工心目中具有权威性，让别人从内心真正地服从你。一个智慧的管理者，在懂得施威之外，还必须对员工仁爱，奖惩公平。

在职场中，事情没有办妥，受到责罚当属正常。正是由于这个原因，使得很多员工在工作时有一种战战兢兢、如履薄冰的感觉。

而如果员工有一个能读懂他们心理的好管理者，在他们办事不得力的时候能够站出来，承担自己的责任，并予以呵护，那么，他们自然会以更为踏实的心态、更出色的表现投入到工作中，还会对管理者报之感激、信任和敬佩，不辜负管理者的良苦用心。

此外，管理者主动揽过，将有助于同员工之间形成相互信任、相互关心、相互谅解、相互支持、配合默契的工作环境，从而给员工以信心、鼓励和宽慰，令其放下思想包袱，敢于放开手脚开展工作，与自己进退一致，为团队的发展建设形成良好的氛围。

优秀的员工表现出色，难免引来旁人的嫉妒；员工认真办事时触动了某些人的利益，遭别人伺机报复，等等，这些情况常常能让一个原本干劲十足、能力出色的员工难以忍受，以至于对人、对事、对团队、对自己失去信心。聪明的管理者这时就要拔刀相助，为员工的正确行为撑腰，扫除其前进路上的障碍，给他们创造一个相对单纯的工作环境。

如果管理者不敢站出来为员工撑腰，那么必将失去员工的信任，更不利于团队的建设和发展。聪明的管理者，在自己的员工遭遇困境时，能够站出来为其撑腰，扫除其工作中的障碍，想不赢得人心恐怕都难。相反，那些愚笨的管理者面对这种情况，可能会不闻不问，或者干脆推个干净，让员工自己去解决，这种管理者必然会被员工抛弃。

古语说："责人重而责己轻，弗与同谋共事；功归人而过归己，尽堪救患扶灾。"在错综复杂的工作中，谁也不能保证永远不会失误。管理者要以身作则，做好表率，对工作推功揽过，适时为员工撑腰，对员工的失误容忍、宽待，对员工的付出给予尊重，为他们开展工作创造良好的环境，激发他们更大的工作动力，就能够使团队内部团结一致、上下齐心，才能够攻坚克难，为团队建设带来生机与活力。

📖 慎重表态，说到做到

"君子一言，驷马难追。""言必信，行必果。"这些都是自古流传下来的关于诚信的名言佳句，可见诚信自古以来就很重要。诚信是每个管理者开展工作的基石，一旦下属不再信任管理者，那么管理者说的话、许的诺，就失去了应有的效果。

当一个管理者被自己的下属定义为失信之人后，管理者的管理地位就失去了基础，威信也就荡然无存了。

有这样一位部门经理，他上任的时候信誓旦旦地宣布要为员工在一年内每人配一部电动车，取代目前的自行车；每人提供 10 天的业务培训；每人加薪一次，且加薪平均幅度不低于 10%。员工听了之后大受鼓舞。

刚开始那段时间，大家都干劲十足。随着时间一天天过去，这位部门经理承诺的事一件也没有兑现，大家的热情渐渐消退。每每员工们提及此事，那位部门经理都找"行业不景气、业绩不好"等借口推托，渐渐地，大家不再相信他的话。

这位部门经理因为提前许诺，最后没有实现自己的诺言，所以失去了民心，这无疑是搬起石头砸自己的脚。

有些管理者也会采用该部门经理这种许诺的方法来激励自己的员工。这种方式在短时间内会有一定的效果，一旦你的诺言不能兑现，员工就会失望，就会对你产生抗拒心理。如果是这样，还不如默默地为员工做一些实事，让员工得些小实惠，收获一些小惊喜。

有些诺言关系着员工的前途，员工对其极为敏感。如果管理者对此信口开河，从而耽误了员工的前途，那么这个员工不仅再也不会相信这个管理者，而且会埋怨他一生。

那些不受欢迎的管理者，多数都有言行不一的毛病。管理者应该完善自我，让自己言行一致，恪守承诺。具体可以从以下几方面加以改进。

1.承诺前请三思

每个人说话前都应该三思，慎重承诺。当你准备对人许诺时，要做最坏的打算，如果不是百分之百肯定自己有能力兑现这个诺言，就先不要说出口，因为说出去的话如同泼出去的水，覆水难收。说出去的诺言不去兑现，人们就会给你贴上"不讲信用"的标签，一旦你被一个群体贴上了这个标签，你在这个群体就没有前途可言。

2.记住每一个承诺，按时兑现

有些人不是不准备兑现自己的诺言，而是粗心大意地忘记了，错过了约定的时间。忘记承诺同样会让别人产生不悦的心理。所以，许诺之后要牢牢记住自己说的话，如果知道自己是一个健忘或者很忙的人，那么就用日记本或者便利贴写下来。你这一个小小的举动，就能赢得很多人的好感。如果实在是忘了，当对方主动问你时，一定要态度谦和，并且马上兑现，切勿拖拉，尽量保留诚信的形象。

3.学会处理意外情况

一旦知道了自己的承诺可能无法兑现了，那么就要以最快的速度对许诺的人开诚布公，不要因害怕面对他们的失望而一拖再拖，这样只会让情况更糟糕。

只要你平时是一个信守承诺的人，当意外发生了，那么你尽快给大家一个解释，相信大家都能体谅你，依然相信你是诚实可靠的。

总而言之，管理者的特殊地位和自身的影响力要求管理者一定要谨言慎行，不可轻易许诺，以免失去下属的信任。就如拿破仑说的那样："守信是至关重要的，没有任何东西可以代替它的重要性。"信用是最宝贵的财富，投资信用的人必定会获得丰厚的回报。

第四章

自决

——以决断力引导团队前进

第一节　准确命令，务求实效

目标明确，准确命令

1.目标明确

目标明确是优秀管理者的一个最重要和最起码的前提。作为一个团队管理者，目标应非常明确，否则就纯粹是一个糊涂官。

做任何事情最终都要有个目标。大到一个长远的总体目标，小到每天的具体目标。量的积累才会有质的飞跃，当每一个小小的目标积累起来自然就是一个大目标的实现。工作中每个人每天要完成多少任务，这些都是小目标，集中到了一起就可以有了跨越。有目标才会有要求，有要求，才能将事情做好，才会走向成功。

在工作中将一切都透明化，做到心中有数，才会更好地把握工作的过程，从而学到更多的东西。

优秀的管理者要了解下属的期望，列出未来团队的目标，并将目标细化，变成一套详细的计划。当你有明确的目标，有详细的计划，还要看一下你的计划是否可行，你的目标是否合理，你是否愿意脚踏实地去完成。重新检讨之后，你达成目标的概率会更大。

怎么达成本团队的工作目标呢？就是认真做事，全力以赴。同时了解团队的优势和弱项，并且立刻采取行动去改善存在的问题。

目标越明确越好办。团队目标要上通下达，聚沙成塔，定期追踪，及时反馈，以督促及明晰目标的进度；定期向全体人员公布报告；适当的目标追踪和报告能建立起团队的向心力。

实现目标不能只靠施加压力，将实现目标与施加压力等同起来无助于实现目标。而是要合理分配目标、追踪目标。

正确的目标管理是统筹兼顾，重视结果也重视过程，发现并解决过程中的问题。制定目标的 SMART 原则，能使成员明确组织期望他做什么，什么时候做，以及做到何种程度。

SMART 分别由（Specific、Measurable、Attainable、Relevant、Time–based）五个词组成。这是订定工作目标时，必须谨记的五项要点。

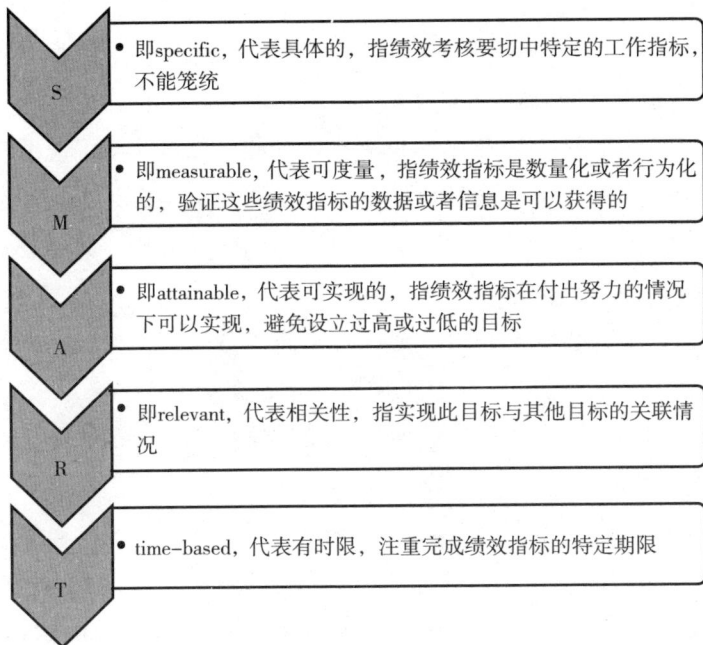

S	即specific，代表具体的，指绩效考核要切中特定的工作指标，不能笼统
M	即measurable，代表可度量，指绩效指标是数量化或者行为化的，验证这些绩效指标的数据或者信息是可以获得的
A	即attainable，代表可实现的，指绩效指标在付出努力的情况下可以实现，避免设立过高或过低的目标
R	即relevant，代表相关性，指实现此目标与其他目标的关联情况
T	time–based，代表有时限，注重完成绩效指标的特定期限

SMART 是确定关键绩效指标的一个重要的原则。既然组织的资源是有限的，我们就要将努力集中于最重要的事情上；目标的表述要简明扼要、易懂易记；目标越容易理解，就越容易执行。除了要明确目标内容的具体衡量方法外，目标值要尽可能用数字或程度、状态、时间等准确、客观地表述。目标值应尽可能合理，过高或过低都会影响目标作用的发挥。目标必须有起点、终点和固定的时间段，没有确切的时间要求，就无法检验没有时间要求的目标，容易被拖延。一项没有期限的目标常常是一项永远不会达成的目标。

2. 准确下达命令

管理者作为一线的指挥者，发布命令的准确程度应像机场上的管制员给飞行员发布命令一样准确，否则容易产生歧义，在命令的传播和执行过程中必然会出现这样或那样的失误。

有这样一个故事：

在一次工程施工中，师傅正在紧张地工作着，这时他手头需要一把扳手。他叫身边的小徒弟："去，拿一把扳手。"

小徒弟飞奔而去。过了很久，小徒弟才气喘吁吁地跑回来，拿回一把巨大的扳手说："扳手拿来了，真是不好找！"

然而，师傅发现这并不是他需要的扳手。他生气地嚷道："谁让你拿这么大的扳手呀？"小徒弟没有说话，但是显得很委屈。这时师傅才发现，自己叫徒弟拿扳手的时候，并没有告诉徒弟自己需要多大的扳手，也没有告诉徒弟到哪里去找这样的扳手，自己以为徒弟应该知道这些，可实际上徒弟并不知道。师傅明白了发生问题的根源在自己，因为他并没有明确告诉徒弟做这项事情的具体要求和途径。

第二次，师傅明确地告诉徒弟，到某间库房的某个位置，拿一个多大尺码的扳手。这回，很快，小徒弟就拿着他想要的扳手回来了。

准确地下达命令，才能更好地让下属去执行命令，也才能更有效率地去完成工作。

日常工作当中，很多员工因不能完全领悟上司的意图，而做了很多无用功，结果耽误了工作的进展。所以，管理者还要教会员工能够准确地领悟上司的意图，知道上司让他做事情要达到怎样的结果，在执行上司下达的命令时，应带着思考去工作，不要为执行任务而执行任务。

管理者要将自己的真实想法，通过语言文字清晰地表达出来。对理解能力不强的员工，更要多加留意，使其做到准确领悟工作命令。

当你下达任何一个命令时，最好想想命令所涉及的七个要素——5W+1H+1L。这样不仅能让你的头脑中有个清晰的思路，更能锻炼你出色的管理能力。

① Why：指命令中的目的、用意、理由、背景等。

② Who：指命令所涉及的主体、客体及人物。

③ When：命令执行的日期、时刻。

④ Where：指执行命令时所涉及的场所。

⑤ What：指命令所涉及的对象、内容和事项。

⑥ How：指完成命令所用的方法、措施。

⑦ Love：指执行命令中所使用的感情，如"请……""祝……"等。

如此，便可让自己准确下达命令，也能让下属真正了解工作意图，这对任务的完成具有十分重要的意义。

3. 准确发出专业指示

管理者每天都需要给下属发出各种各样的指示，通过指示与员工进行交流。这是管理者与员工沟通交流中最重要的工作之一。

为确保团队工作目标的完成，管理者必须给员工发出清晰、明确的工作指示。

（1）无效指示的后果。

有的管理者时常发出这样的指示：

"小心看看来料有没有不良品，要是有，统统给我挑出来！"

"为了提高品质，我们要全力以赴！"

"做完以后一定要自检一下！"

"凡是有异常的，一个也不要放过！"

……

收到这样的指示，作业人员真的会按照指示去做吗？执行真的能达到要求吗？肯定不会，为什么呢？因为他（她）没有"听懂"指示的真正含义。

要看什么来料的哪种不良？要怎么做才算是全力以赴？自检要检什么内容？从指示里听不出来，可又不能当面拒绝管理者的指示，所以很多作业人员只好按自己的理解去执行了。因此做出来的结果往往不完全符合要求，或不得要领。这种情况下，体恤下属的管理者，会再指示一遍，而急躁的管理者，则会迁怒于下属，认为下属理解能力、办事能力欠佳。

而事实上，这个责任不在于指示接收方，而在于指示发出方。没有具体内容的指示，使下属无所适从，靠想象发挥来做，必然导致结果出现偏差。

（2）指示准确发出与接收的要素。

若是对作业人员下这样的指示：

"明天 A 公司的 B 材料投入前，全数检查 C 飞轮的 D 形槽有无飞刺，飞刺规格参照 QA 设定的样品。"

"为了提高品质，这个月我们要全力研讨 P 零件所引起的不良，首先收集工程内数据。"

"螺丝上紧后，全检上框正面有无伤痕，伤痕规格参照 QA 样品。"

那么，作业人员一听就知道你想叫他们做些什么，而且做完后一定会有结果反馈给你。

换言之，发出的指示里要有 5W、IH、1L 方面的具体内容，这样命令接收者才知道自己的作业目标是什么。

（3）管理者发出指示时应有的心态。

①管理者不能只讲如有关加薪、升迁方面的对员工十分重要的指示，也要能够下达调动积极性的指示。

②如果一些项目不仅需要员工努力，领导者自己也要承担一些责任时，要明确自己的责任，并告诉员工。

③需要几个下属相互协调配合作业的部分，要指示清楚各自的职责，不能笼统带过。

④对于员工存在的"我是不是要百分之百地认真接收？不接收会怎样？"这些问题，管理者必须平时就要灌输坚决执行的观念。

⑤管理者不要担心员工能否听取自己的意见，有反对意见要耐心解释。不要害怕下属提不同的反对意见，多一份反对就多一份思考，就多一份成功的机会。

⑥不要怕员工认为自己有偏见，只要始终做到一碗水端平即可。如果做不到公平，那么管理者最终必然失去绝大多数人的支持。

⑦要求下属完成高难度项目时，要把奖励和处罚都说清楚，促使下属全力以赴。

4. 有效做到上令下行

管理者是上下级沟通的桥梁，做到"下情上传""上令下行"是非常重要的工作。

向员工传达执行上面的精神和决议是属于"上令下行"范畴的工作，如何做好这项工作也是考验管理者沟通能力的关键所在。

（1）充分理解上级的决议。

管理者不能只是把通知往团队告示栏一贴，或者在团队会议上无关痛痒地讲几句就完事，管理者必须对决议要有充分的理解，在此基础上，再把决议的目的、要求以及执行的方法向员工做出具体说明。

如果管理者都没能了解透彻，那么员工该如何执行、是否达到要求等都无法判断、评价。

（2）跟踪并解决问题。

管理者不能只是将工作安排下去了就干等结果，工作进度的跟踪是必要的。在此过程，管理者要不时地和员工进行沟通交流，关注工作的执行情况，解决工作中碰到的各种问题。

（3）做好向员工的疏通、解释工作。

上级的很多决议都会让员工不舒服，比如说推迟下班时间、加强业绩考核等。但是，作为管理人员不应该把自己的情绪表现出来，火上浇油。要针对决议的内容耐心向员工解释，安抚人心，保证团队任务的正常进行。立场上应坚决与上级保持一致。

（4）及时地沟通反馈。

上级的决议下达后，应该将执行过程、结果及时反馈。对于一些反响比较大、可能造成严重后果（生产破坏、经济损失、人员流失）的事项，更要及时报告，寻求上级的支持和有效的对策。

📖 技能过硬，才能服人

刻苦钻研技术业务知识，充分利用业余时间自学业务知识，做到活学活用，理论联系实际，做团队的"技术能手"，是现代管理者的基本要求。只有兢兢业业、踏踏实实，以苦干实干、无私奉献、积极进取的精神在平凡的岗位上做出了优异的成绩，才能服人。

1. 善于学习、积极工作

作为一名管理者，要想带好队伍，就必须要有过硬的本领。要带领团队取得卓越的业绩，业务水平必须过硬。因此，管理者要坚持不断地学习技术业务知识，不辞辛苦，抓时间、挤时间对技术业务刻苦钻研，随时能为团队成员提供业务指导和支持。

2. 凝心聚力、以身作则

效率永远是团队所追求的，要保证高效运作，就必须提高团队的战斗力，管理者的作用至关重要。管理者要坚持以身作则，率先垂范，使团队成员思想稳定，工作有序进行。增强团队的凝聚力，从工作、生活上关心团队成员。干工作处处比别人多付出，别人不能做到的，自己首先要做到；别人能够做到的，管理者要做得更标准、更规范。努力做到"四个在前"，即业务技术学在前，艰苦工作干在前，执行规章制度走在前，关心爱护同志想在前。在实际工作中，作为管理者，要使团队成员心往一处想，劲往一处使。要与团队成员多通气，多理解、多支持团队成员工作。无论团队成员中谁有困难，都要把团队成员聚集在一起想办法，力求把问题解决圆满，在团队中形成一个团结、和谐的良好氛围，提高群体责任性，提高团队凝聚力。

3. 提升素养、勇于争先

管理者要充分发挥"立足岗位，尽职尽责，无私奉献，勇于争先"的火车头精神。紧跟形势，努力提高团队员工的整体素质，为实现团队目标奠定坚实的基础。管理者在自身加强学习的同时，还要激发团队成员努力学习技术业务知识，引导团队成员学文化、钻业务，提高实际工作能力。

第二节　学会有效沟通，与员工建立良好关系

与下属沟通的 3 大基本原则

管理者要想成为成功的管理者，就必须了解与下属沟通的一些基本原则。

1. 维护自尊，加强自信

自信就是"对自己感到满意"，通常对自己有信心的人都会表现得有毅力、能干而且易于与人合作。他们较乐意去解决问题、研究各种可行的方法、勇于面对挑战。

你要维护员工的自尊，避免伤害员工。尤其在讨论问题的时候，你只要对事而不对人，便可维护员工的自尊。赞赏员工的意见、表示对他

们能力充满信心、把他们看作能干的独立个体，这些都可以加强员工的自信。

2.细心倾听，认真处理

倾听是打开双方沟通的关键所在。聆听表示了解员工感觉，能使员工知道你体会到他的处境。在细心倾听之余，再表示关怀体谅，你就可以开启沟通之门。

你要让员工知道，你正在专心聆听，同时也明白员工说话的内容和员工的感受，使员工愿意表达内心的感觉，这对于解决困难有很大的帮助。

3.请求员工帮助你解决问题

现在的员工都有熟练的技巧，而且一般都很热心地把一己之长贡献给团队，事实上，他们对自身工作的认识，比任何人都清楚。因此，要求员工帮助解决问题，不但可以有效地运用宝贵的资源，而且可以营造一起合作、共同参与的气氛。当然，并非员工所有的意见都可行，如果真的不可行，要对员工加以解释，并请员工提出其他方法。当下属或组员愿意把构思付诸实行时，你应该加以支持，并随时提供协助。

📖 管理者与员工沟通的技巧

在不同的情况下，管理者需要面对各种各样的下属：

①管理者年轻，而小组成员都是资深的老员工。

②小组的组员来源不同，时常有冲突。

③小组成员没有工作的积极性和热情。

作为团队管理者你有没有遇到过以上的情况呢？有没有遇到类似的挑战呢？你在不同的情况下与不同的人一起工作，遇到挑战时，最重要的是要耐心地去了解这类员工的想法，如果你对员工一无所知，那怎么可能做好沟通？

管理者必须了解员工的一般心理，才能更好地与员工进行沟通，把握沟通的重点。员工的一般心理如下：

①谁都想支配自己的行为，不想被人像木偶一样任意操纵。

②希望管理者客观评价自己的能力，如果知道管理者对自己有所期

待，愿意全力以赴。

③想回避被人强制、糊弄，希望管理者听取自己的意见。

④自己所做的事不想被人轻视、耻笑或当作笑柄。

沟通、采纳意见、愿意倾听，是管理者博得众人尊重的最重要的特质。

1. 倾听技巧

倾听能鼓励他人倾吐他们的状况与问题，而这种方法能协助他们找出解决问题的方法。倾听技巧是形成有效影响力的关键，而它需要相当的耐心与全神贯注。

倾听技巧由 4 个个体技巧所组成，分别是鼓励、询问、反应与复述。

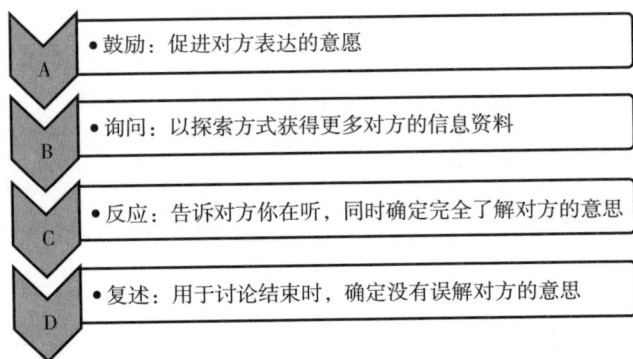

A	• 鼓励：促进对方表达的意愿
B	• 询问：以探索方式获得更多对方的信息资料
C	• 反应：告诉对方你在听，同时确定完全了解对方的意思
D	• 复述：用于讨论结束时，确定没有误解对方的意思

当然，对于一线员工来说，由于素质层次不一，与他们沟通需要以一种能让员工切实感受到你真的在倾听的方式去倾听。

向员工提出问题，然后耐心聆听，可使双方的沟通更加有效。当然，你必须是诚恳、耐心地发问、聆听和观察。

2. 气氛控制技巧

安全而和谐的气氛，能使双方更愿意沟通。如果沟通双方彼此猜忌、批评或恶意中伤，将使气氛紧张、冲突，加速彼此心里设防，使沟通中断或无效。

气氛控制技巧由 4 个个体技巧所组成，分别是：

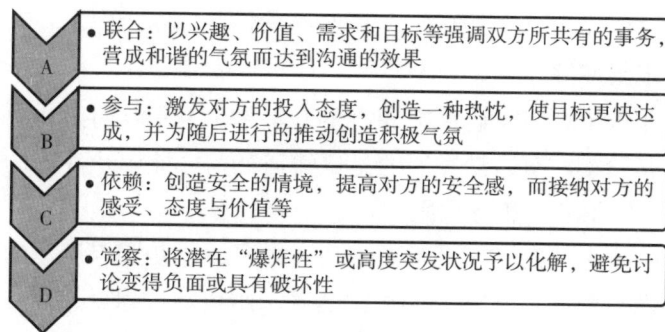

A	● 联合：以兴趣、价值、需求和目标等强调双方所共有的事务，营成和谐的气氛而达到沟通的效果
B	● 参与：激发对方的投入态度，创造一种热忱，使目标更快达成，并为随后进行的推动创造积极气氛
C	● 依赖：创造安全的情境，提高对方的安全感，而接纳对方的感受、态度与价值等
D	● 觉察：将潜在"爆炸性"或高度突发状况予以化解，避免讨论变得负面或具有破坏性

3. 推动技巧

推动技巧是用来影响他人的行为，使逐渐符合我们的议题。有效运用推动技巧的关键，在于以明白具体的积极态度，让对方在毫无怀疑的情况下接受你的意见，并深受激励。

推动技巧由 4 个个体技巧所组成，分别是回馈、提议、推论与增强。

（1）回馈：让对方了解你对其行为的感受，这些回馈对人们改变行为或维持适当行为是相当重要的。尤其是在提供回馈时，要注意以清晰、具体而非侵犯的态度提出。

（2）提议：将你的意见具体、明确地表达出来，让对方能了解你的行动方向与目的。

（3）推论：使讨论具有进展性，整理谈话内容，并以它为基础，为讨论目的延伸而锁定目标。

（4）增强：利用增强对方出现的正向行为（符合沟通意图的行为）来影响他，激励他做你想要他做的事。

使用上述沟通技巧，对于你成为一位成功的团队领导者，是十分重要的因素。这些技巧可使你更快捷地解决问题、把握机会、建立一个群策群力、高效能的团队。

📖 妥善处理与员工的冲突

很多管理者都遇到这样的情况：原本一件看似平常的事情，怎么也没有想到下属会那样抵触和抗拒。这时候，如果处理不当，就会加深鸿沟，甚至导致双方的关系彻底破裂。那么，一旦与下属发生了冲突怎么办？通常情况下，缓和气氛、疏通关系、积极化解才是正确的思路。

1. 如何走出冲突

管理者和员工之间矛盾冲突的产生通常是因为相互对工作有着不同的标准和期望。关于冲突，最重要的是要知道如何才能阻止冲突的发生。这里，我们给出以下几个指导原则：

（1）正确认识冲突。与员工发生冲突很多时候是难以避免的，一旦发生冲突后，既不要刻意隐瞒，也不要逃避，而是要去积极处理，找到正确的方式平息冲突。

（2）对你自身的感觉要有所察觉。你的内心世界正在发生什么变化？你的肌肉紧张起来了吗？你感到生气吗？你觉得沮丧吗？总之，要重视你的感觉。

（3）观察一下你周围发生的事情。一旦你找回了现实感，你就可以更好地把握你的感觉。

（4）问你自己是什么时候有现在这种感觉的。问问自己：想找回原来的感觉吗？希望自己是一个拯救者还是一个受害者？

（5）积极地去听，并对你所感觉到的和想要做的事情做出决断性的反应。

（6）暂时把某一问题搁置起来，先来解决人们心理上的问题。

（7）对他人提供帮助，只要他或她同意接受并希望获得帮助。

（8）接受其他人的帮助，如果你真的需要它的话。

总之，最好的解决冲突问题的办法，便是让你的自我状态发挥作用。首先，要意识到究竟发生了什么事情；再从组织的整体角度出发，找出最重要的问题；然后，运用一些办法阻止冲突的发生，最终建立一种建设性的人际关系。

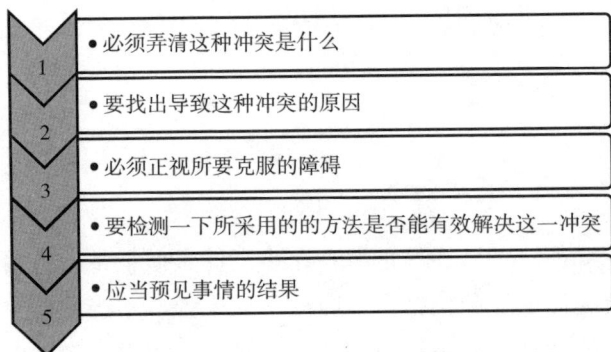

1	• 必须弄清这种冲突是什么
2	• 要找出导致这种冲突的原因
3	• 必须正视所要克服的障碍
4	• 要检测一下所采用的的方法是否能有效解决这一冲突
5	• 应当预见事情的结果

2.化解冲突的技巧

（1）冲突化解法的具体操作。

冲突化解法指具体处理冲突的态度、做法，以缓解团队内部的气氛，疏通关系，创造良好的工作环境。具体操作如下：

①分析发生冲突的原因，找出主要责任方。

②请与本事无关的第三人从中调停。

③针对不同情况，酌情处理。

④在合适的情况时，适时表达自己化解冲突的良好愿望。

⑤冲突一旦停止、不再追究、扩散。

（2）冲突化解法实施要点。

①如果冲突的主要责任在自己，应勇于向下属承认错误；如果责任在下属一方，应对不同情况做出不同的处理。

②不是原则性问题时，可主动将责任揽在自己身上，给对方一个台阶，以留住人才。

③请人化解时，注意带去自己的歉意，在不损害自己威信的情况下，尽量实现双方的沟通。

④在发生冲突后，不要急着分辨对错，可将此事暂时搁置，等冷却一段时间后再做处理。

（3）冲突化解法具体方法。

①引咎自责，自我批评。只要不是原则性问题，作为管理者可以主动承担一些冲突的责任，给下属一个台阶下。人心都是肉长的，领导者这样的胸襟极容易感动下属，从而化干戈为玉帛。

②放下架子，主动搭腔。不少人都有这样的体验，即当与下属吵架之后，有时候谁见了谁也不先开口，实际上双方内心却都在期待对方先开口。

所以，作为管理者遇到下属特别是有隔阂的下属，就应及时主动搭腔问好，热情打招呼，以消除冲突所造成的消极影响，这样给下属留下一种不计前嫌，大度处事的印象。如果抹不下面子，长期下去就会让矛盾像滚雪球般越滚越大，势必形成更大的隔阂。

③请人斡旋，从中化解。就是找一些对下属有影响力的"和平使

者"，带去自己的歉意，以及做一些调解说服工作，不失为一种行之有效的策略。

尤其是当事人自己碍于情面不能说、不便说的一些话，通过调解者之口一说，效果极明显。调解人从中斡旋，就等于在上下级之间架起了一座沟通的桥梁。但是，调解人一般情况下只能起到穿针引线的作用，重修旧好，起决定性作用的还是要靠当事人自己去进一步解决。

④寻找机会，化解矛盾。就是要选择好时机，掌握住火候，积极去化解矛盾。比如，当下属遇到喜事（如结婚、生日）或受到表彰时，作为管理者就应及时去祝贺，这时下属情绪高涨、精神愉快，适时登门，下属自然不会拒绝，反而能感受到你的诚意和对他的尊重，当然也就乐意接受道贺了。

⑤宽宏大量，适度忍让。当与自己的下属发生冲突后，运用这一方法就要掌握分寸，要有原则性，一般来说在许多情况下，遇事能不能忍，反映着一个人的胸怀与见识。但是，如果一味地回避矛盾，妥协忍让，委曲求全的话，就会在公众中使自身的人格和形象受到不同程度的损害，正确的做法是适度地采取忍让的态度，既可避免正面冲突，同时也保全了双方各自的面子和做人的尊严。

话又说回来，如果下属偏偏是位不近情理、心胸狭窄、蛮横霸道的人，就不应该一让再让，让他觉得你软弱好欺，而应当机立断，毫不犹豫地给予相应的回击和处分。处理这样的下属一定要理直气壮，客观公正，让所有人都明白这不是针对谁，而是一种管理行为。

📖 营造良好的人际氛围

人是环境中最重要的因素，良好的工作氛围是由人创造的。

1. 良好人际氛围的特征

良好的人际氛围是自由、真诚和平等的工作氛围，就是在员工对自身工作满意的基础上，与同事、管理者之间相处融洽，相互认可，有集体认同感，充分发挥团队合作精神，共同达成工作目标，在工作中共同实现人生价值的氛围。在这种氛围里，每个员工在得到他人认同的同时，都能积极地贡献自己的力量，在工作中能够随时灵活方便地调整工作方式，使之具有更高的效率。

2.如何创建令人愉快的人际氛围

（1）明确岗位分工。

团队不同岗位之间的合作是否顺利是工作氛围好坏的一个重要标志，明确的分工才能有良好的合作。各岗位职责明确、权力明确，并不意味着互不关联，岗位分工仅仅是说工作程序是由谁来具体执行的，如此才不会有互相推诿等影响工作氛围的情况发生。

（2）通过落实企业文化来营造人际氛围。

从企业文化着手，提高员工工作激情，营造一个相互帮助、相互理解、相互激励、相互关心的工作氛围，从而稳定工作情绪，激发工作热情，形成一个共同的工作价值观，进而产生合力，从而达成组织目标。

（3）做好团队内部沟通。

真诚、平等的内部沟通是创造和谐工作氛围的基础。团队内部绝对不允许有官僚主义作风的存在，职务只代表分工不同，只是对事的权、责划分，应该鼓励不同资历、级别的员工之间互相信任、互相帮助和互相尊重。每一个员工都有充分表达意见和建议的权利，能够对任何人提出他的想法，主动地进行沟通，被沟通方也应该积极主动地予以配合、回答或解释，但沟通的原则应是就事论事，绝不能牵扯到其他方面。

（4）重视团队建设，营造宽松的工作氛围。

团队内应该有良好的学习风气，管理者要鼓励和带领团队成员加强学习先进的技术和经验，在进行工作总结的时候应该同时进行广泛而有针对性的沟通和交流，共同分享经验。

📖 建立信任型人际关系

团队要获得良好的发展，离不开管理者与员工建立充分的信任。

1.信任是建立人际关系的根基

一个组织具有了所有成员相互信赖的氛围之后，才能真正地运转起来。信任，就是共同的目标；信任是平等与协作；信任是发展与创新；信任是开放、自由的工作；信任更是交流的结果。

如果团队面临严重的信任危机，所有的团队成员就会感受到压抑的、沉闷的范围，无心工作。

2. 影响信任的几大障碍

团队成员之间相互信任的障碍有以下几点：

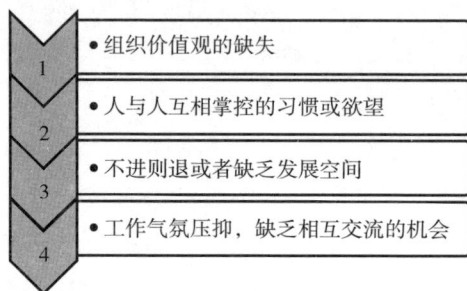

1	• 组织价值观的缺失
2	• 人与人互相掌控的习惯或欲望
3	• 不进则退或者缺乏发展空间
4	• 工作气氛压抑，缺乏相互交流的机会

要建立以信任为基础的良好的人际关系，必须克服这几个障碍的影响。

此外，要建立良好的人际关系，仅凭员工间的彼此信任、员工对管理者的信赖仍不算完全的信任，还必须包括管理者对员工的信赖，三者缺一就会导致士气低落。

3. 如何培养信任感

（1）表明态度。

要表明你既是在为自己的利益而工作，又是在为别人的利益而工作。每个人都关心自己的利益，如果别人认为你利用他们、利用你的权力、利用你所在的组织为你的个人目标服务，而不是为你的团队、组织利益服务，对你的信任就会减少。

（2）保护团队。

作为团队的一员，用言语和行动来支持你的团队。当团队或团队成员受到外来者攻击的时候，要坚决维护他们的利益。

（3）要开诚布公。

人们所不知道的和所知道的都可能导致不信任。如果你开诚布公，就可以带来信心和信任。因此，应该让员工充分了解信息，解释做出某项决策的原因，对于现存问题则坦诚相告，并充分地展示与之相关的信息。

（4）要公平、公正。在进行决策或采取行动之前，先想想别人对决策或行动的客观性与公平性会有什么看法。在进行绩效评估时，应当客观公平、不偏不倚；在分配奖励时，应该注意其公平性。

（5）要说出你的感觉。

那些只是向员工传达冷冰冰的事实的团队管理者，容易遭到员工的冷漠和疏远。说出你的感觉，别人会认为你是真诚的、有人情味的，他们会借此了解你的为人，从而更加尊敬你。

（6）要替别人保密。

如果别人告诉你一些秘密，他们必须确信你不会同别人谈论这些秘密，如果他们知道，你把秘密透露给别人，就不会信任你。

（7）要展示出你的才能。

展示出你的专业技术才能、良好的团队建设能力，能引起别人的仰慕和尊敬。还应特别注意培养和表现你的沟通能力和其他人际交往的能力。

第五章

立言

——说到做到，责任担当

第一节 无责任感的管理者不可信

要把"负责任"落到实处

作为下属最担心的事情就是犯错，因为随之而来的便是所应受的责罚。

现实中的情形往往是，下级犯错后，上级拿各种理由为自己开脱。殊不知，自己身为上级，下属犯错就等于是自己也犯了错，最起码是犯了管理无方的错。一些管理者，明明是自己犯了错误，却不愿意承认，甚至利用自己的权力将错误转嫁给下属。这种现象，在职场中屡见不鲜，所谓的"负领导责任"便成为一句空话。

实际上，作为管理者，当下属办砸了事或者犯了错误时，要宽待下属，并鼓励他重新振作起来，千万不能将其一棍子打死，或落井下石。

如果管理者能在必要时为下属分担责任，就能够与下级建立起深厚的感情。下属偶有过失，管理者就撇开自己的责任，相信谁都不想追随这样的人。

高明的管理者在下属犯错后，通常会先冷静地检讨自己，检讨自己在管理中存在的疏忽和过失，然后静下心来和下属共同分析整件事情。如果下属有委屈，要适当给予安慰；如果是他一时大意，应该督促他以后小心；如果是他能力不行，就应该及时给他充电。无论是什么情况，都应该让下属知道，你们是一个集体，团队是他坚实的后盾。

总之，管理者不仅要与下属共享荣誉，还要敢于为下属承担责任。管理者分配任务后，无论下属是成功还是失败，都负有不可推卸的责任。所以管理者千万要牢记，不要揽功推过；唯有敢于承担责任，才能得到下属的敬佩和爱戴。

📖 有多大的权力就有多大的责任

一个团队管理者，一定具有一定的职权，运用和行使相应的权力，同时也要承担一定的责任。权力和责任是一个矛盾的统一体，一定的权力又总是和一定的责任相联系的。当团队赋予管理者一定的职务和地位，从而形成了一定的权力时，相应地，管理者同时也就担负了对团队一定的责任。在团队的各级管理人员中，责和权都必须相称和明确，没有责任的权力必然会导致管理者的用权不当，没有权力的责任是空泛的、难以承担的责任。有权无责或有责无权的人，都难以在工作中发挥应有的作用，都不能成为真正的管理者。

责任对管理者的基本要求是，管理者被授予权力的同时，应该对团队的发展负有相应的责任，对团队成员负有相应的义务。比较而言，责任比权力更重要，权力只是尽到责任的手段，责任才是管理者真正的落脚点。如果一个管理者仅有职权，而没有相应的责任，那么他是做不好管理的。

> 权力和责任是对等的，有多大的权力，就需要承担多大的责任

一个团队赋予管理者运用和行使权力的同时，也赋予了相应的责任。管理者在其位就需谋其政、负其责，管理者如果只行使自己的权力，而不负责任，那么权力与责任的天平就会失衡，大家的信心就会渐渐弱化，团队的根基就会受到动摇。

团队中的各级管理人员，责任和权力必须相称。没有责任的权力，必然会导致管理者滥用职权；而没有权力的责任则行不通，必然会遭受当事人的抵抗。有权无责和有责无权的管理都是畸形的，都是不科学的管理。

负责是对一个管理者的基本要求，管理者因为被授予权力，就要为众人服务，对团体的命运负责。有些人因为害怕担当大责任，所以宁愿在团队中做一名普通员工；而有能力的人，则会选择去管理一个团队，用自己的能力去创造团队的辉煌。

一个管理者的能力永远由责任来承载，而做到负责本身就是一种能

力。在竞争日益激烈的市场中，只有高度负责的人才是团队所需要的人才；也只有高度负责的管理者，才会受到下属的爱戴。

第二节　用行动赢得认同

相信认同的力量

认同就是人们认为跟自己有共同之处而感到亲切的一种行为体验，人对自我及周围环境有用或有价值的判断和评估，便是人们所说的认同感。人是需要被肯定的动物，个体长期处于得不到承认的境地，体验到的更多的是疏离感，就会出现过多的我没有用、我没有价值的判断和认同感缺失。

肯尼斯·伯克的认同理论认为，现实是以符号为中介来传递的。由于人们在行动的过程中需要社会性的合作，所以说，语言塑造了行为。人与人之间存在着三种互相交叉的认同来源：

（1）物质性认同，如拥有相同品牌或类型的汽车、对衣着有着相同的品位。

（2）理想化认同，来源于共享的主张、态度、感觉和价值观。

（3）形式上的认同，来源于传播双方共同参与的事件的组织、安排和形式。

为什么就业形势严峻，很多人依然选择跳槽？为什么即使有直接的物质激励，很多人仍觉得工作不幸福？这便是认同方面出现了问题。

认同是管理的前提，一个管理措施对不对，合理与否固然重要，别人认不认同更加重要；否则，即使是好的管理方法也难以推行。

管理者修炼个人影响力，不仅是要赢得下属的信任，更是要赢得他们的认同。

不被认同的管理者得不到下属心甘情愿地追随，也会让管理工作变得寸步难行。从实际工作中可知，员工一旦认同了管理者的人格和人品，就很容易认同其决策，能够在不知不觉之中心甘情愿地服从管理者的安排，努力实现管理者的意图。

身为管理者，你应当十分清楚地认识到：员工是独立的个体，你不可能完完全全地控制下属，只有用亲和力去打动他们，用人格魅力去影响他们，才能获得他们的认同。

不要"给我冲"，而要"跟我冲"

"跟我冲"是一种把所有责任和困难都扛在自己身上的表现，是一种有担当的表现。美国著名作家埃德加·斯诺在其著作《西行漫记》中评述过工农红军与国民党军的作战差别。他认为红军的作风是"跟我冲"，国民党军的作风是"给我冲"。"跟我冲"体现管理者必须吃苦在前，勇于担当，体现了领导者的素养；而"给我冲"是自己躲在安全地带，让下属为自己卖命，这是不尊重下属的表现。"给我冲"和"跟我冲"虽然只是一字之差，却在管理上有天壤之别的效果。

"跟我冲"的管理办法，是用行动代替语言，体现出强大的领导力。管理者清楚地知道自己的权力和责任，所以找到最合适的办法去管理自己的员工，在没有声色俱厉的情况下，让下属心甘情愿地奋勇上进。

"跟我冲"不仅让下属感受到管理者的拼搏精神，而且感受到强大的支持。"跟我冲"象征着平等，志同道合，有共同理想，为同一目标一起努力。不管是管理者还是员工，团队的每个人都在奉献自己的力量。这种令人信服的精神力量，能让下属心中萌生敬佩、信赖之情，使他们感受到自己存在的意义，从而产生强烈的使命感，进而形成强大的凝聚力，迸发出强大的团队战斗力。

而"给我冲"是什么？"给我冲"的管理者，把下属视为自己的"子弹"，遇到事情的时候，他们会为了保全自己，而放弃他人。这是一种没有责任感的表现，毫无疑问，这样的管理者必将失去人心。

喊着"跟我冲"口号的管理者，把团队成员视为相濡以沫的朋友，而不是低人一等的下属。这种敢于挑大梁的管理者具备着强大的磁场，将整个团队成员紧紧地吸引在自己身边，无论遇见什么样的情况，遭遇什么样的困难，大家都会并肩作战，共同承担。

以身作则最具说服力

春秋初期政治家管子说过："禁胜于身，则令行于民。"意思是说"只要以身作则，就能令行禁止"。

管理者进行管理，一是靠语言，二是靠行为，就是中国古代所说的言传身教。话语很重要，通过话语才能进行思想引领，才能把人的认识提到相应的高度。但作为管理者，光靠语言是不够的，还要依靠行为。

管理者是一个团队的核心，是员工最常接触到的人，管理者本身的工作能力、行为方式、思维方法甚至喜好都会对团队成员产生莫大的影响。作为管理者，一定要勇当下属学习的标杆。

毛主席说过："榜样的力量是无穷的"，管理者要想管好员工必须以身作则。管理者要事事为先、严格要求自己。一旦在员工心中树立起威望，就会上下同心，大大提高团队的战斗力。

曹操发兵宛城时规定："大小将校，凡过麦田，但有践踏者，并皆斩首。"骑马的士卒都下马，仔细地扶麦而过。可是，曹操自己的马却因受惊而践踏了麦田。他很严肃地让执法的官员为自己定罪。执法官对照《春秋》上的道理，认为不能处罚担任尊贵职务的人。曹操认为，自己制定的法令，自己却违反，怎么取信于军？即使自己贵为全军统帅，也应受到一定处罚。于是，他拿起剑割下头发，传示三军——"丞相踏麦，本当斩首号令，今割发以代。"三军无不服从。

第六章

立规

——制度比说教更管用

第一节 好的制度胜过说教

没有规矩，不成方圆

制度对管理很重要，因为没有规矩不成方圆。一个团队要有序运行，制度是强有力的保证。作为一个管理者，要善于凭借制度来管理下属，用制度说话永远比发号施令更有效。

企业团队是一个人群的组织，而人复杂多样的价值取向和行为特征，要求团队必须营造出有利于共同理念和价值观形成的制度环境，以此来约束、规范员工的行为，最终推动共同利益的实现。因为从根本上来说，人性是复杂的，人都有惰性、自负等消极面，所以在任何团队里，都需要硬性的规章制度。只有让管理者和员工无一例外坚决执行制度，才能保证团队的高效运转。

那么如何才能制定出一套健全的规章制度呢？应遵循以下两条原则。

1. 从实际情况出发

无论制定哪一种规章制度，都需要从实际情况出发，整理分析各类问题，从而制定出合理的规定。若制定出的制度与实际情况脱轨，则无异于一纸空文，对实际管理毫无意义。当然，制定规章制度，其目的就是要人们遵守，并能制约人性之中的缺陷。如果发现制定的制度不具备这样的功能，则需要对制度进行调整、补充或废止。

2. 必须不断完善

每一项行之有效的制度都是一而再、再而三，反复多次地修改才变得更实用，所以实践过程中的不断完善也十分重要。因为不同的时期、不同的环境需要不同的制度。所以，制度也应该与时俱进，顺应时代的变化。所以，管理者必须时时检查已经制定的各种规章制度，一旦发现不切实际或不再符合情理就要及时纠正。制度只有不断完善、调整才能顺应时代的发展，也只有充满灵活性的规章制度才具有管理意义。

用"法治"代替"人治"

有专家曾经说过："靠规则比单靠道德更有效。"为什么？因为道德的界限是模糊的，对与错的概念不明显。如果单凭道德来管理人，被管理者或多或少地会找各种各样的借口；而如果我们依法办事，那么对错的界限很清晰，没有借口可言。对于没法找借口的"法治"，每个人都会敬畏，所以管理的效果更好。

很多团队发展过程中不注重规则，过多地依赖心理契约或道德的约束，很容易产生矛盾。

"人治"管理存在以下一些缺点和弊端：

1."人治"带有明显的随意性

由于管理者个人的智慧、水平有限，在"人治"的过程中会出现各种意料不到的问题。这种缺乏科学性的管理方法，很难服众。

2."人治"带有专制性

"人治"以人为主，难免出现"一朝天子一朝臣"的现象，这就会使员工产生不公平感，不利于团结，而且缺乏民主性，决策极易失误。

3."人治"常常过不了人情关

奖亲罚疏，在"人治"中是常见的，如果管理者出现偏袒的情况，就会逐渐失去威信和号召力。

4."人治"治标而不能治本

"人治"没有形成有章可循的规章制度，不利于企业文化和团队道德的形成，从而缺乏团队凝聚力。

"人治"的这些弊端对团队的发展影响深远，所以唯有打破"人治"，实行"法治"才能使管理行之有效。当然，实行"法制"也不能不进行道德建设，道德建设与制度建设应该齐头并进。

毛泽东曾经说过一句经典名言："加强纪律性，革命无不胜。"如果把这句话放在团队中，则是："加强纪律性，管理无不胜。"所以，作为一个管理者，即使只是管理着为数不多的几个人，也需要建立制度，做到有"法"可依。仅凭"人治"是无法很好地管理一个团队的，在关键时刻只有"法治"才能保证团队高效运行。

让制度在管理中发光

管理制度是对一定的管理机制、管理原则、管理方法以及管理机构设置的规范。它是实施一定的管理行为的依据，是社会再生产过程顺利进行的保证。合理的管理制度可以简化管理过程，提高管理效率。

管理制度要发挥其应有的作用须做到如下几点：

（1）权威性。由具有权威的管理部门制定，在其适用范围内具有强制约束力，一旦形成，不得随意修改。

（2）排他性。某种管理原则或管理方法一旦形成制度，与之相抵触的其他做法均不能实行。

（3）特定范围内的普遍适用性。各种管理制度都有自己特定的适用范围，在这个范围内，所有同类事情，均需按此制度办理。

（4）相对稳定性。管理制度一旦制定，在一般时间内不能轻易变更，否则无法保证其权威性。这种稳定性是相对的，当现行制度不符合变化了的实际情况时，又需要及时修订。

没有规矩不成方圆，没有制度管理就没有约束。在实际的管理当中我们发现，当团队在10个人左右的时候，靠的是管理者的人格魅力，只要有一个有能力、有魅力的领导者就可以做得风生水起。但是当团队发展到几十个人、上百人的时候，靠的就是企业的制度管理，只有制度完善才能更好地约束人的行为，规范人的行为，团队才能管理规范。

团队管理者要充分认识制度的重要性。

1. 制度化管理有利于企业效率的提升

制度是透明而公开的，在制度化管理下，团队要达到每一件事情都是程序化的、标准化的，这样做有利于员工迅速掌握自己需要的工作技能，有利于员工与员工之间、部门与部门之间、上级与下级之间进行有效的沟通，使企业内部之间的工作失误降到最低。

2. 制度化管理有利于团队运行的规范化和标准化

团队实现制度化管理就是要达到"一切按照制度办事"的目标。当每个人都把这一点牢记于心，并贯彻到自己的工作中的时候，员工就可以依据共同的制度准则来处理各种事情，而不必见风使舵、察言观色，也不会再因为人情而左右决策。

3. 制度化管理有利于人才的培养

规范的制度能够体现企业管理的公平、公正，这不但有利于吸引外部人才，而且也可以为内部人才提供好的晋升通道，促进人才的培养。

4. 制度化管理可以降低决策失误率

如果能将企业内部的事务都纳入制度化管理中，就可以有效地杜绝企业决策的"一言堂"现象，使企业的决策过程更加规范化、透明化。企业的决策更加科学有据，更能经得起实践和市场的检验，这将大幅度降低决策的失误率。

📖 制度比说服教育更有用

任何团队都需要用"规矩"来约束，让"制度"成为人们的行为准则和标杆。团队制度就是员工的行为标准，让每个人都了解自己的职责，了解哪些是"高压线"，对团队管理具有非常重要的意义。

没有纪律的军队是没有战斗力的军队，纪律严明，军队才能强大。在军事管理中，严明的纪律是一支军队在作战中取胜的关键。在国家管理中，完善的法律制度是一个国家强大的前提。如今的市场竞争比任何时候都要激烈，团队之间互相比拼的不仅是产品、服务，还有管理水平、团队凝聚力等。企业要想打造一支高效的有战斗力的团队，就必须制定铁的纪律来管理员工，使他们组成一个团结协作、富有战斗力的团队。

让员工自觉遵守管理制度，管理者应当采取以下几个措施：

1. 广泛宣传

很多管理者都认为，制度大家都知道，但是新员工，甚至一些老员工，都会有直到违反了制度，才知道有这条制度的情况。

一些规范性的团队，管理者通常都会在员工刚到公司报道时，就发放一份公司的《员工手册》，并让他们签字，表明他们已经收到并理解了公司的规章制度。这种做法值得我们学习。

2. 保持克制

无论员工犯了多么严重的错误，管理者首先要控制情绪，保持冷静，等真正冷静了再去处理这些问题，切记不要对员工大发雷霆。

3. 调查了解

管理者遇到问题，不能相信一面之词，应该多加了解，深入调查事情的来龙去脉，再做出决定，才能让双方都心服口服。

4. 一视同仁

规章制度是面向大家的，无论管理者、员工都要遵守，犯了错误就要受罚，没有例外。

5. 坚决公正

对员工要坚决公正、公道，不能仗势欺人，靠自己的权力滥施压力。指责员工要有充分的证据，不能随便处罚，更不能无事生非。

6. 消除负面情绪

记住，批评和惩罚的目的是为了让员工改正缺点，完善不足。因此，管理者在批评和惩罚员工之后，应该用坚定温和的语气表示你相信他的能力，并期待他改正后的表现，这样才能很好地消除员工被批评后产生的负面情绪。

鼓励员工养成规范的工作习惯

为了保证在工作和生活之间维持一种健康平衡的生活状态，就要学会在工作中养成规范的工作习惯，保持高效的工作效率。如果做不到这一点，就会精力不济、效率低下，甚至危害健康。

规范化的工作习惯会使个人的工作效率得以提升，也间接形成团队核心资源与长期竞争优势，这对个人和团队发展都是大有裨益的。

每个人都应该养成规范的工作习惯，按时完成工作是团队提升整体效率的保障。

作为管理者，可以通过以下几种方法，促使员工逐步养成良好的工作习惯，提高工作效率。

1. 每天先做计划

早晨刚到公司，在正式工作之前，利用 10 分钟为自己做一个全天的工作任务清单。按照清单按部就班地来，会为我们节省很多时间。

清单上要明确地写出，哪些工作今天必须完成、哪些工作今后几天完成、哪些是长远的计划，有了明确的清单，就会对全天的工作有整体的把握，就可以精确地找到需要优先处理的问题，从而避免被一些不重要的事情分散精力。而且有了清晰的目标后，工作效率通常会更高。

2. 控制外界干扰因素

有了自己的计划后，需要注意的是不要被一些外界因素打乱你的工作计划。比如，意想不到的电子邮件、电话或会议等。

为了避免突如其来的这些状况，我们可以每过几小时查看一次电子邮件；将电话转为语音留言，在工作时间只回复那些确实紧急的电话。作为管理者可以将会议安排在自己方便的时间召开；而员工，要在平时工作时有意识地加快自己的工作进度，以便腾出时间处理意外发生的事情。

3. 不要随便加班

加班实际上也会"上瘾"。这个"上瘾"有很多原因，第一，加班到很晚会使得你的睡觉时间推迟，从而使你第二天精力不好，导致工作效率下降。第二，如果从早上开始上班的时候就在心里告诉自己今天要加班，那么人是有惰性的，就会不自觉把工作拖延到最后一刻，因此形成一个恶性循环。

4. 检查你的工作设备

如今已是科技办公时代，这就要求我们对员工上班必须要用的设备进行升级与维护，给员工配备最好的设备可以使员工工作效率提高。比如，一台性能强大的计算机，可以使我们更快地进行网页搜索以及同时运行多个应用程序。另外，对于员工来说，每天清理、维护好自己的工作设备，也是提高工作效率的有力保障，正所谓"磨刀不误砍柴工"。

第二节　用制度管人的技巧

制定一套管用的团队管理制度

有好的制度，管理起来就事半功倍。为此，制定制度不能草率，应该遵循以下原则。

1. 让当事人广泛参与

让当事人参与是制定制度的一个重要原则。如果这个制度是针对整个团队的，就要尽量使团队的全体成员都参与到制度的制定中来，如果只是针对某个工作流程而制定的制度，则需要请相关的成员参与进来。一般的做法是由起草人进行认真调查之后，起草制度的草案，将该草案公布于众，让大家进行充分讨论，并由起草人收集意见进行修改。对于重要的当事人，起草人还要个别征求他们的意见，并做认真的记录和总结。

在收集到的意见中，会有80%的意见是重复的或不可行的，对这些意见要向提出人做耐心地解释，有用的20%的意见要认真参考。但让当事人参与讨论制度的形式不可缺少，因为有了这种参与，员工对制度的接受度会更高。

虽然让当事人参与会让制定制度的过程变得复杂起来，但却会对今后制度的执行减少很多障碍。人本能地会对约束他的东西产生反感，而制度恰恰是约束人的东西，让成员参与到制度的制定中来，可以减少这种反感，因为谁都不会讨厌自己的劳动成果。

2. 制度条文要简明扼要

制度是需要执行的，当员工对制度本身无法深入地了解时，就谈不上能很好地执行。制度是针对所有当事人的，所以制度本身的语言描述应该尽可能地简明、扼要、易懂，并且不能产生歧义，让所有的当事人都可以轻松地理解。另外，制度不必非常缜密和完善，首先是因为这样会损害制度的简明性和易懂性，不利于制度的执行；其次是每位成员都对制度有基于常识的认识和理解，而这些常识性的东西不必在制度中面面俱到。

3. 不求完善，但求公正

在制定新制度时，很难做到一次性制定得非常完善，随着组织的发展和管理水平的提高，还要不断地进行修改和充实。制定制度是为了实施，所以制度一定要适合团队组织。在制度执行的过程中，可能会因为制度本身的不完善和不合理而出现一些问题，但这些不应该影响制度的公正执行。比起制度的完善性，团队成员往往更加关心执行制度的公正性，所以对于管理者来说，应该更加关心制度在执行中的公正性。

4. 系统配套，自成体系

制度要全面、系统和配套，基本章程、各种条例、规章、办法要构成一个内在一致、相互配套的体系。同时要保证制度的一贯性，不能前后矛盾、漏洞百出，避免发生相互重复、要求不一的情况，要形成一个完善、封闭的系统。

5. 一切从实际出发，必须具有可操作性

制定制度要从实际出发，根据团队的构成、工作对象、管理协调的需要，充分反映各项组织活动的规律性，体现团队的特点，保证制度必须具有可操作性，否则就失去了制定制度的意义。要想使制度易于操作，最好在制定过程中就明确一般的操作方法。另外，要写明对特殊情况的处理，最好能规定解释权的归属部门，以明确责任，切忌流于形式。

6. 重视团队成员的工作习惯

没有人会主动更改自己熟悉的工作方式，所以在制定制度时，一定要认真分析现有的工作流程和执行者的工作习惯。在达到目标的原则上，要尽可能地延续原有的流程和习惯，这样才能有效地保证日后制度的执行。

7. 制度要有先进性

制度是一个组织的"骨架"，先进的制度有利于组织的正常运营，因此，制定制度一定要总结本组织的经验，同时吸收其他组织的先进经验，引进先进的管理技术和方法，保证制度的先进性。

好制度，不仅会符合人的天性，实施的成本也很低。再好的制度，也要靠人来执行，人和制度有着相辅相成的关系：品行好，人不忍为恶；制

度全，人不能为恶；法律严，人不敢为恶。

17世纪英国人开始在澳大利亚实行殖民统治，澳大利亚地大物博，人烟稀少，急需大量劳工，英国政府决定运送国内囚犯到那儿充当劳工。英国政府按上船时犯人的人头给船主付费，由于路途遥远，很多囚犯在途中就死去了，能活着到达的不到70%。针对这种现象，英国政府通过调查发现，船主为了牟利，每船运送人数过多，生存环境恶劣，加之船主故意克扣犯人的食物，使得大部分犯人在中途就死去。

英国政府感觉到运送囚犯的制度出现了问题，他们经过思考和各方权衡，制定了一个给船主付费的新办法，即按到达时活着下船的犯人数付费。于是，船主绞尽脑汁、千方百计让犯人活着到达目的地。后期运往澳大利亚的犯人的死亡率最低时只有1%，而原来最高时是37%。

把上船按人头付款改变为按活着到达目的地人数付款，这仅仅只是改变了一下付款方式，就大大降低了运输途中犯人的死亡率。这就说明了一个好的制度能起到事半功倍的效果。

按照制度管理，令人心服口服

对于一个团队来说，如果没有科学、严格的制度化工作标准，就达不到高质量、低消耗的经营效果，更不能获得最佳的经济效益。团队要取得好的效益，一切工作都必须围绕着提高产品质量和企业利润、降低劳动消耗和物质消耗来进行，因为制度是团队的"宪法"，是团队的"生命"，团队的所有人都必须按照制度去执行，不能有任何借口，才能更好地提高生产效率。

标准化是制度化的最高形式，可运用到生产、开发设计、管理等方面，是一种非常有效的工作方法。一个团队能不能在市场竞争当中取胜，决定着企业的生死存亡。企业的标准化工作能不能在市场竞争当中发挥作用，这决定着标准化在企业中的地位和存在价值。

制度与业务高度融合是标准落地的基础。有太多的团队不是将制度制定得过于严苛，就是没有将制度当一回事。有时候认真执行制度的得不到鼓励，没有执行制度的也不会受到惩罚，正是这些原因让太多的团队吃了亏，流失了很多有才华的员工。因此，要利用制度进行管理，才能提高相对公平的工作环境，让员工踏踏实实、心服口服地为团队创造更好的业绩。

在制定制度时，可以从这样几个方面来考虑：

1. 让员工深刻理解制度

制度中所规定的相应问题，都有其前因后果，要确保员工理解其含义。员工理解了制度的含义，在执行时，就会少些盲目性；否则，就难以切实贯彻。

2. 奖励与惩罚要明确

制度中涉及奖惩内容时，对奖惩内容的规定一定要具体，这样可以避免团队中的一些人随心所欲或钻空子。同时，对于认真遵守制度的人，要有相应的奖励，带动其他员工也能够以此为榜样；对于违反制度的人，就要施以必要的惩罚，维护制度的权威性。

3. 重视监督检查，督促全员执行制度

新制度推广以后，还需要有相应的监督检查机制，保障制度的良好运行。在工作中，对于员工反映出的各种问题，一定要及时、恰当地进行处理。这样既能清晰地掌握员工执行时的状况，避免制度在实际使用中走样，还能进一步了解管理制度欠缺的地方，以便及时修正。

执行制度要公私分明

管理者应当最大限度地利用制度管理来达到激励员工工作积极性的目的。要想做到这点，管理者就需要制定科学合理的奖惩制度，之后严格按照奖惩制度对员工进行公平、公正的考核，并以此作为确定员工薪酬的依据。只有这样，才能在团队中营造一种"力争上游，力争优秀"的工作氛围。

受下属欢迎的管理者，无论做什么事情都不会假公济私，而是一碗水端平，这种做法能够充分调动员工的积极性，形成人人争上游的良好氛围，给团队带来无限的生机和活力。反之，如果管理者在执行制度时掺杂私人感情，不仅起不到预期的激励效果，反而会造成难以预料的后果。

> 管理人员在日常事务中只有做到公私分明，不贪图小便宜或公报私仇，才能受到员工的欢迎和尊重

事实证明，只有公正无私的管理者，才会具有很强的凝聚力，组成一个团结的集体。那么，管理者如何才能做到公正无私呢？

1. 工作上树立正气，公正无私

"不怕制度狠，就怕不平等"，说的是一个团队管理者如果能按照原则办事，对待每位员工都公平公正，在员工的评优、奖金及福利等涉及员工利益的项目上实行透明操作，让员工提不出任何意见，一切工作便会顺利进行，与员工之间的沟通也就更加顺畅，自然也会留给员工一个公私分明的良好形象。

2. 在生活上多关心员工，真正为员工着想

一个管理者不管在什么时候都要放平心态，把员工当成自己的良师益友，切不可在员工面前耍领导威风。在生活上关心、照顾员工，多为员工办实事、好事，多站在员工的角度去思考问题，处处体现以人为本的管理理念，这样员工才会化情感力量为工作动力，为团队的发展作出更多的贡献。

3. 在工作中要多用非权力影响力

所谓非权力影响力是指利用个人的品德、资历、学识、能力来协调工作，而权力影响力是指利用组织给你的权力进行指挥、协调工作。相比之下，非权力影响力在沟通、指挥、协调上更能使员工对你有信赖感、敬佩感，能更好地完成工作任务。同时还能体现出管理者良好的职业涵养。

管理者切忌用公款挥霍无度或者利用公司赋予的权力假公济私，这是最不受员工欢迎的管理者类型，这种行为对团队有百害而无一利，会对团队造成危害。所以，如果你想成为一名成功的管理者，就一定要杜绝这种情形在自己身上发生。

📖 制度面前，律己才能律人

在团队中，团队管理者不仅是领导者，更是榜样。制度作为大家共同遵守的准则，管理者首先要严格遵守，起到模范作用。切勿"只许州官放火，不许百姓点灯"，否则势必会引起员工的反抗。如果管理者能够以身作则，下属不仅会自觉遵守制度，而且还能在下属心目中建立起威信。很多明智的管理者甚至不惜拿自己开刀，来维护制度的权威性。

律己才能律人。管理者自己犯了错，要主动处罚自己，这样做的积极意义比制定一千条规定都要好。在纪律面前人人平等的处事方法，能够深刻地影响团队的员工，值得每一个管理者学习和借鉴。

规章制度面前人人平等。作为管理者，不要以为制度只是给员工定的。管理者绝对不能因为自己手中握权就能搞特殊。管理者逍遥于制度之外或凌驾于制度之上，都会使制定的制度失去生命力和威慑力。

一个卓越的管理者对自己的要求要永远高于员工，时常站在客观的立场设身处地为员工着想。让人遗憾的是，还有很多管理者站在管理者的位置只是为了让自己行使更多的特权。管理者自己视制度为无物，员工自然也会轻视制度，久而久之，制度对整个团队就没有了制约作用，从而成为贴在墙上的一张白纸。团队会变成毫无纪律的一盘散沙，终将走向衰亡。

"善为人者能自为，善治人者能自治。"一个团队能否在激烈竞争的社会环境中稳步发展，关键在于管理者是否具备自律意识。管理者只有做好表率作用，才能树立威信，才能要求员工遵守制度。

MD 公司是一家咨询公司，内部管理一团糟，为什么？其总经理冉兵是一个比较自我的人，经常贪员工之功为己有，连其他员工出版一本书，他都要把自己的名字列为第一作者。于是上行下效，各部门经理在选择咨询案的时候，都把简单的、赚钱多的案子留给自己，把难度大又不怎么赚钱的案子给其他员工，以致严重影响了员工的积极性，在一个十分赚钱的行业硬是赚不了钱。

总公司知道这个情况后，辞退了总经理冉兵，换了一个业务能力强又办事公道的水总来管理。上任伊始，水总就把所有的案子根据工作需要，不偏不倚进行了重新分配，从此所有员工面貌一新，公司业绩很快就上了一个台阶。

在这个人人喊着公平的年代，管理者唯有遵循人人平等的原则，才能赢得员工的爱戴，也只有坚决执行制度面前人人平等的原则，才能让团队有序、健康地发展。

从细节抓起，执行到位

执行力就是战斗力，要想获得战斗力就必须具有优秀的执行力，而优秀的执行力来自点点滴滴的细节。做好每个细节，积少成多，大事也就做成了；相反，细节做不到位，人就无法进步，团队就不可能有发展。管理制度要想彻底得到执行，就必须从细微之处抓起，狠抓各个细节，以保证每条标准都能执行到位，发挥作用。

古话说，"一屋不扫，何以扫天下"，就是说一个人只有注重细节，才有可能取得更大的成就。可见，管理者既要做"大事"，还要顾"小节"，只有这样，才能真正做好管理工作。处于管理者的位置上，一定要清晰地认识到管理者的行为具有放大作用，一方面，团队内部要职责明确，具体的细节工作都要安排到位；另一方面，管理者对身边的小事，还应尽可能地做到身体力行，激励员工重视细节，在细节中取胜。

细节非常重要，泰坦尼克号就是因为设计上的细微缺陷，导致了悲剧的发生。所以，在管理中，一定要高度重视细节，因为"魔鬼"就存在于细节中，很多失败都是细节上出了问题。下面我们提供几点建议，供大家参考借鉴：

1. 细节来自于制度，制度是细节管理的保障

没有制度就没有管理，要想有好的细节管理，就要有好的制度细节来保障。

中国道家创始人老子有句名言："天下大事必作于细，天下难事必作于易"。意思是做大事必须从小事开始，天下的难事必定从容易的做起。海尔总裁张瑞敏说："把简单的事做好就是不简单。"伟大来自于平凡，往往一个企业每天需要做的事，就是每天重复着所谓平凡的小事。一个企业有了宏伟、英明的战略决策，但若没有严格、认真的细节执行，再英明

的决策，也是难以成为现实。"泰山不拒细壤，故能成其高；江海不择细流，故能就其深。"可以毫不夸张地说，现在的市场竞争已经到了细节制胜的时代。不论是从企业的内部管理，还是外部的市场营销、客户服务，细节问题都可能关系到企业的前途，细节管理必须制度化。

2. 细节来自于用心，用了心才能细心

为什么很多人在落实制度的时候，不是这儿犯了错，就是那儿犯了错？因为他们没有用心去执行制度，而是用敷衍的态度去对待。这样怎么能避免犯错呢？反之，如果我们在执行制度的时候用心留意每个细节，那么很多差错、漏洞都是可以避免的。不管做什么事，只有当你真正用了心时，才能做到细心。你用心服务客户，才能了解客户想要什么；你用心与客户合作，才能理解客户的想法和要求；你用心地落实制度，才能保证制度执行到位。

用心通过细节体现，细节具有爱心才会发生作用。许多微小的细节积累到一起，产生的结果将难以想象。帕布斯·海恩有个著名的"飞行安全法则"，即每一起严重事故的背后，必然有29次轻微事故、300起未遂先兆以及1000起事故隐患。

这个法则提出了两个概念，一是事故的发生是量的积累结果；二是再好的技术，再完美的规章制度，在实际操作层面也无法取代人自身的素质和责任心。

海恩安全法则不仅适用于航空界，也适用于其他领域。

细节是平凡的、具体的、零散的。如一句话、一个动作、一件小事等，细节很小，容易被忽视，但它的作用是不可低估的。

1485年，英国国王理查三世面临一场关系到国家的生死存亡的战争。在战斗开始之前，国王让马夫去备好自己最喜爱的战马。马夫立即找到铁匠，吩咐他快点给马掌钉上马蹄铁。铁匠先钉了三个马蹄铁，在钉第四个时发现缺了一个钉子，马掌当然不牢固。马夫将这个情况报告给国王，眼看战斗即将开始，国王根本就来不及等这第四个马蹄铁，就匆匆上了战场。

战场上，国王骑着马领着他的士兵们冲锋陷阵，左突右奔，英勇杀敌。突然间，国王所骑的战马的一只脚上的马蹄铁脱落了，战马仰身跌翻在地，国王也被重重地摔在了地上。没等他再次抓住缰绳，那匹惊恐的战马就跳起来逃走了。一见国王倒下，士兵们就自顾自地逃命去了，整支军队在一瞬间土崩瓦解。敌军趁机反击，并在战斗中俘虏了国王。国王此时才意识到那颗钉子的重要性。

这场战役就是波斯沃斯战役，在这场战役中，理查三世因为一颗马蹄钉失掉了整个英国。

第七章

立威

——奖罚有度，刚柔并济

第一节　行赏用罚，建立权威

施奖勿滥，惩罚必严

在激烈的商场竞争中，团队生存、发展的压力空前巨大，如履薄冰。团队要在严酷的环境中生存，就必须具有强大的竞争力，才能保证团队目标的实现，而团队目标的实现依赖管理的到位。

企业的员工总体上来说还是比较好管理的，但也总会有那么几个"调皮捣蛋分子"有意无意地破坏着规章制度，给团队造成严重的甚至恶劣的影响；还会因为一些不按照制度办事的"自由分子"存在，而使得团队遭受突如其来的"事故"，严重影响团队的运行。故而，用"施奖勿滥，惩罚必严"来构建团队，是很有必要的。

在复杂多变的形势下，团队要想获得成功，赢得竞争优势，就必须具备奖罚结合的管理方式。如果团队的每个成员都只是原地踏步，意味着将在发展突飞猛进的时代中逐渐落伍，直到被时代淘汰。所以，对待团队成员，在奖赏方面应该坚持适度保守。过于强调奖励会使得员工滋生对奖励的依赖性，一旦员工的利益得不到满足时，就会消极怠工。对于惩罚方面，严格的惩罚制度，能够使每个个体的责任意识进一步增强，从而增强团队的凝聚力。

对于一个团队来说，政策、人才和资金都非常重要，但是团队没有正确的赏罚手段，再有利的政策、再多的资金、再有才的员工，都可能会因为赏罚措施不到位而使得团队失去驱动力。管理者如果缺了促使上下齐心共赴目标的向心力，再优秀的人才、再充裕的资金都难以发挥应有的作用。

每一个在商海中搏击的团队，大都是一边忙着搞生产，一边忙着搞市场；一边忙着搞研发，一边忙着培养人才；一边忙着熟悉政策，一边忙着筹措资金。在这样的氛围下，连呼吸都有种不可名状的紧张感，但不管怎么忙，也不能忘记科学奖惩体系的构建。当一个团队有科学的奖惩体系支持进时，上到管理者，下至一线普通员工，都能够根据奖惩体系，心往一处想，劲往一处使，这种有的放矢的力量，团队就会势如破竹，永不会停止前进的脚步。

据调查，惩罚大于奖励的做法刚开始会受到很多员工的抵制，但是一旦经过一段时间的实施和推进，员工们接受以后，公司业绩会走上一个新的高度。

建立科学的惩罚措施，对很多团队迫切而重要。作为团队的管理者，应该拨开管理的迷雾，扫清管理路上的尘埃，建立透明、合理的团队科学奖惩举措。一旦用模糊代替清晰，团队就会失去发展的后劲。因此，上到管理者，下到基层员工，都应该做到"施奖勿滥，惩罚必严"。

📖 正确运用"胡萝卜"与"大棒"

"胡萝卜＋大棒"是激励方式中的一种。胡萝卜＋大棒指的是一种奖励与惩罚并存的激励政策；是指运用奖励与惩罚两种手段去诱发人们所要求的行为。它来源于一则古老的故事——要使驴子前进，就在它前面放一根胡萝卜或者用一根棒子在后面赶它。

古典管理理论把人假设为"经济人"，认为人的行为是在追求自身最大的利益，工作的动机只是为了获得经济报酬。激励对发挥人的最大潜能，具有重要的作用。在组织管理中，实施惩罚的威胁或者给予奖励的诱惑，即一方面给予大棒，另一方面给予胡萝卜是组织激励员工执行管理意图最常用的方法。这种方法根据奖惩的不同程度，又将奖励分为胡萝卜（大奖）和白萝卜（小奖），将惩罚分为大棒（大惩）和小棒（小惩）。

由于员工的表现及他们的心理特征不同，还需要根据员工的不同类型采取不同的奖惩策略，这样才能让奖惩措施更有效。

对于那些将工作视为获得经济报酬最有效途径的下属，你可以用金钱等经济因素刺激他们的积极性。如果发现这类下属有消极怠工的现象，则需要用强制性的经济手段去惩罚他们，也就是采用"胡萝卜＋大棒"的方式。

对于那些认为工作的主要目的是赚钱，但并不那么在乎经济上惩罚的下属来说，罚款、扣奖金等方式就不足以惩戒他们。因此，给这种人刺激最好的方式就是"胡萝卜＋小棒"的安抚。

对于那些不热衷于奖励，但很害怕惩罚的人来说，他们通常是"死要面子活受罪"的群体，他们宁愿少拿奖金也不愿意当众挨批评。那么"白萝卜＋大棒"则是针对他们的有效策略。

团队中还可能有这样的一类人，他们对奖励和惩罚都不太在乎。他们要么就是循规蹈矩、好坏不领情的庸碌之辈；要么就是既定的奖惩激不起他们的兴趣。对于前者，你如果觉得有留着的必要，就用"白萝卜＋小棒"即可，否则果断开除他们；对于后者，你应当考虑更多的奖惩方式，激发他们自动自发地为自己工作。

管理需要赏罚分明

汉宣帝时期，渤海、胶东一带盗贼十分猖獗，他们四处作恶。汉宣帝派大臣张敞前去治理，张敞向汉宣帝请求必须奖赏那些追捕盗贼有功的人员，严惩盗贼。到任后，他赏罚分明，差吏们个个奋勇追捕，社会迅速恢复安定。

僖负羁是曹国人，在晋文公流亡曹国时曾有恩于他。因此，晋文公在攻下曹国时，为了报答僖负羁的恩情，就向军队下令，不准侵扰僖负羁的家，如果有违反的人，就要处死刑。大将魏武子和颠颉却不服从命令，带领军队包围了僖负羁的家，并放火焚屋。魏武子爬上屋顶，想把僖负羁拖出杀死。不料，梁木承受不了重量而塌陷，把魏武子压在下面，动弹不得，幸好颠颉及时赶到，才把他救了出来。僖负羁在大火中罹难。这件事被晋文公知道后，十分气愤，决定依照命令处罚。大臣赵衰向晋文公请求："他们两人都替国立下过汗马功劳，杀了不免可惜，还是让他们戴罪立功吧！"晋文公说："功是一回事，过又是一回事，赏罚必须分明，才能使军士服从命令。"于是便下令，革去了魏武子的官职（因勇力过人而免于死），将颠颉处死。从此以后，晋军上下，都知道晋文公赏罚分明，再也没有违令者了。

古人尚能明白这个道理，作为现代管理者，你就更应该认识到赏罚分明是多么重要。如果你奖励了团队中不应当获得奖励的下属，而忽略了应当受奖的人，那么大家自然而然地就会产生"出色工作还不如投机取巧"的想法，势必严重挫伤下属的积极性，还会严重影响团队内部的团结。

同样，如果你没有弄明白实际情况就将本应该得到奖励的下属批评一通，也会让下属产生负面情绪，甚至会导致他另谋高就，使团队损失人才。

> 奖励和惩罚固然是激励下属的有效手段，但只有真正做到赏罚分明，才能确保其对团队有效运转起到积极的作用

奖惩的最终目的是改善

无论在什么情况下，奖惩都只是一种激励手段，而非目的，奖惩的最终目的是改善状况。要想充分发挥奖惩的功效，就必须将奖惩与教育结合起来。

下属在接到工作后做得不理想，在给他应有的惩罚的同时，也应让他意识到应当再多做哪些努力，要用具体的方法和措施帮助他提升工作质量，而不是简单的辞退了事。

要改进以往的管理方式，积极称赞员工做得正确的事情，当着团队其他成员的面夸奖他，让大家看到他的进步。同时，在员工做事的过程中，要主动询问他遇到了什么困难，并与他共同探讨工作中的不完善之处。一段时间后，员工的进步就会得到团队成员的认可，他甚至还会因自信心增强而主动申请接受新的任务。

美国管理学家小克劳德·乔治曾说："处分的目的在于教育，而不在于惩罚。"如果在管理中发现下属犯错，批评和惩罚他们是应该的。因为借助惩罚能让他们意识到自己做错了事，还能达到规范下属行为、使其在今后的工作中更加小心的效果。不过，惩罚并非越严厉越好，因为一旦超过下属的承受极限，就会挫伤他们的工作积极性，甚至会造成团队的人才

流失。批评和惩罚并不是让下属更好成长的最佳途径，真正有效的方式应当是将奖惩与教育适度结合起来。

第二节　刚柔并济，提升支持度

制度保障执行，规则高于一切

管理最本质的内涵是规则。无论是已发展到一定规模的团队还是刚刚成立的新团队，都需要一些规章制度来进行规范管理。制定制度本身并不难，难的是制度的执行。

其主要原因在于：制度的执行实际上是在规范和改变成员的工作习惯。俗话说"江山易改，本性难移"，改变一个人的习惯是相当困难的，况且制度是要改变所有成员的工作习惯，其难度可想而知。

所以在制定各项制度时，不但要确保制度的正确性，更重要的是要保证制度在实施时能被成功地执行。

如何能够保证制度得以执行？下面"四化"至关重要。

（1）复杂的过程简单化。

（2）简单的东西要量化。

（3）把量化的因素流程化。

（4）把流程化的因素标准化。

下面我们看看沃尔玛对营业员的服务态度要求是怎么演化的。

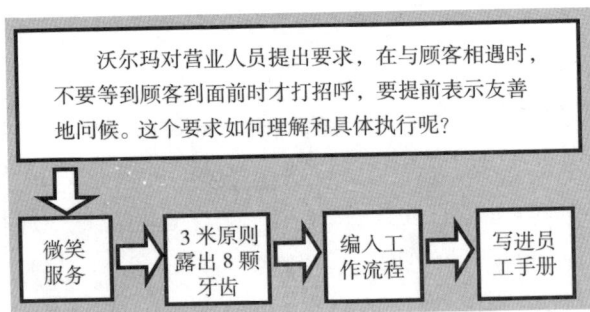

沃尔玛对营业人员提出要求，在与顾客相遇时，不要等到顾客到面前时才打招呼，要提前表示友善地问候。这个要求如何理解和具体执行呢？

微笑服务 → 3米原则露出8颗牙齿 → 编入工作流程 → 写进员工手册

这就是一个简单化、量化、流程化、标准化的过程。

📖 纪律严明，不被人情左右

当纪律遇上人情，作为团队管理者该如何面对和处理？很多人为此左右为难、不知所措。如果坚持原则，按纪律办，可能落得"他这个人太原则，没人情味""这个人太古板，不会办事"的抱怨和贬斥；如果一旦讲了"人情"，突破了底线，那以后每个人都会堂而皇之地和你讲"人情"，本该严肃执行的纪律或规定就会成为一纸空文。一些人选择后者，于己于他都没有坏处，甚至可以顺水推舟，卖个人情。但这种处理结果会让你背负太多的"人情"包袱，终有一天会被这种包袱压垮。因此，我们要选择前者。

日本伊藤洋货行的董事长伊藤雅俊说过："秩序和纪律是我的企业的生命，不守纪律的人一定要处以重罚，即使会因此降低战斗力也在所不惜。"

当下属产生严重问题时，即使是心腹干将也必须严肃处理，因为这件事情不单是人情的问题，而是关系着整个团队的生死存亡的问题。对于一些方向性问题，即使是做法能够维持业绩持续上升，但若违背了大的方向，也绝不容许持续下去，因为，这会毁掉过去辛苦建立的团队体制和经营基础。

管理现代团队，如同治军一样，要有严明的纪律和有令则行的制度。若置纪律于不顾，人心便会背离，团队便会不再发生效用。在执行纪律的过程中，应一视同仁，不可受人情因素的影响，不能感情用事。纪律是军队的灵魂，同样也是团队管理的灵魂。

📖 把握好威严与亲近的度

《论语》曰："子温而厉，威而不猛，恭而安。"意思是说，孔子温和而严厉，威严而不凶猛，庄重而安详。这反映了孔子性格的立体性，这也是优秀管理者极富魅力的性格标准，需要管理者塑造出一种可敬又可亲的管理者形象。

优秀的管理者应该使下属觉得既近又远。管理者需要与下属保持较为亲密的关系，这样下属在工作时也愿意从管理者的角度出发，替管理者考虑，并尽可能把事情做好；但同时又要保持适当的距离，尤其在心理距离上，这能减少下属间的胡乱猜疑，避免不必要的争斗。

管理者尊重下属是应有的胸怀和气度，下属保持谨慎是应尽的职责，双方都应扮演好自己的角色。

俗话说，"距离产生美"，"远则生美，近则生嫌"。和下属相处，必须保持适当的距离，没有距离，就不会生敬，也不会有威。所以在条件允许的情况下，应该有独立的办公空间，也不应该和某些人特别热络。因为有特别亲密的关系，会让下属觉得他和你是无话不谈的，你的命令会不容易被执行，甚至会顶撞你，而他却觉得是帮助你，是好心纠正你的错误。而他的态度也会让其他人效仿，进而使你失威。虽说管理者要礼贤下士，平易近人，但如果你天天和下属混在一起，肯定达不到所希望的效果。没有疏，就不可能使下属对管理者产生有礼贤下士、平易近人的感觉。过度地和团队中的某个人亲近，会让人觉得你会有失公平，从而失敬。如下属对你无敬畏之心，你就很难有效管理团队。

管理者要把握好"威严"和"亲近"之间的度，树立一个比较清晰的标准，这个标准体现的是管理的理性原则，也就是说该威严的时候就要威严，该亲近的时候就要亲近，做到既让下属觉得亲近，又能让员工产生敬畏之心。

📖 "宽""严"应得体有度

管理者在实施管理时，如果过于严格，下属很可能在心理上产生紧张甚至恐惧。虽然他们表面看起来很顺从，但实际工作中却缺乏自主性和工作兴趣，甚至会产生跳槽的念头。如果对下属过于纵容，又会让他们的言行举止变得越来越随便，长此下去，也会对整个团队的工作有影响。

管理者在管理员工的过程中，过"宽"不行，过"严"也不妥，最高明的管理手法就是宽严得体、软硬兼施。不仅要平衡好"恩"与"威"之间的关系，还需要注意"宽"与"严"应得体。宽、严得体，并不意味着在管理中要将宽、严对半分，而是要依照实际情况选择或宽或严的管理方式，将二者有机结合起来。

那么，究竟如何处理"宽"与"严"之间的关系呢？"严"就是要求管理者要在团队中建立起威严，以保证下属谨慎做事。但是在平时的工作中，又要采用温和的方式指引下属自觉完成任务。在下属犯错误时，虽然不一定要以过于严厉和苛刻的方式批评、指责他们，但一定要保持严肃的态度，不能不闻不问，更不能使之将错就错。

"宽、严得体"是许多管理大师的管理心经，作为管理者若能掌握其中的窍门，并应用到实际管理工作中，定能极大地调动下属的工作积极性，让整个团队在有序、健康、积极的状态下创造更好的业绩。

第八章

立德

——正己安人，仁爱为先

第一节　办事公道，分享荣誉

做事先做人

> 做事先做人，这是自古不变的道理。如何做人，不仅体现了一个人的智慧，也反映了一个人的修养

一个人不管多聪明、多能干，背景有多好，如果不懂得做人，他的事业将会大受影响。只有先做好人才能成大事，这是古训。所以，管理者要想成功，一个重要的因素就在于如何做人。

1. 做一个德才兼备的管理者

在实际工作中，德才兼备的管理者是最受员工欢迎的。有德无才的管理者，因为工作能力不强，不能帮员工解决生产中的疑难问题，所以难以服人；而有才无德的管理者，虽然能力比较强，但因为不会处理与员工的关系，会逐渐拉远与员工的距离，无法让员工信任。显然，这两种人都不可能成为优秀的管理者。

一个优秀的管理者，不仅要有出色的工作能力，同时应该具有高尚的品德，做到德才兼备。德才兼备的管理者才具有十足的管人资本，"有才"可以使你在技术上领先你的员工，能够更好地指导他们工作；"有德"可以使你赢得员工的尊重和信任，员工就会心悦诚服地接受和服从你的管理。所以说，如果你想成为优秀的管理者，就应该坚持不懈地"德、才"双修，不断地通过努力学习，提高业务水平，不断地进行道德修炼，用实际行动打动员工，成为员工喜爱的、支持的和信任的管理者。

2. 做团队的榜样

为什么有的团队热情高涨、干劲冲天，而有一些团队懒懒散散、毫无生气？很大程度上取决于管理者的表现。如果你是团队中的模范"兵

头"，那么你的团队就会因你而有无穷的战斗力；如果你在团队中总是拖后腿，你的员工也会效仿你的表现。

要想让员工成为积极的工作者，管理者首先需要做好自己的那份工作，做好模范的"兵头"，为团队成员树立一个好的榜样，才能影响他们，带领他们创造优秀的业绩。管理者做的每一件事，都会被下属铭记于心。如果你消极怠工，不安心于工作，那么下属自然也会照猫画虎，对工作敷衍了事。你只有尽职尽责地完成本职工作，才能感染你的下属，让他们对工作多一份责任。

要想让自己的团队变得更加优秀和卓越，你就必须为团队做出表率。当你成为团队的楷模和表率时，你的团队要成为一支优秀的队伍就不再困难了。

📖 办事要公道

很多管理者在团队中总是喜欢任人唯亲，重用自己喜爱的员工，冷落那些自己不待见的员工。那些他不喜爱的员工即使有了突出的表现，也不会去表扬鼓励，而如果他喜爱的员工取得了一点点成绩，就会把他们夸上天，到处称赞他们的表现，主动提高他们的待遇。

一个管理者，在工作中如果不能做到秉公办事，而是徇私情，那么就会严重打击那些不受欢迎但能力优秀的员工的积极性。如果一个管理者习惯于任人唯亲，那么他的团队里必然会有几位尸位素餐的员工，也有几个不得志的优秀员工。这种状况的持续，就会使这个团队人心涣散。

能否把握公正的天平，决定着管理者是不是能够在团队中树立起自己的威信。如果你不能以公平、公正之心对待下属，那么失道寡助、众叛亲离是迟早的事情。只有在工作中始终做到公平、公正的管理者，才能赢得大家的尊重，使每一位团队成员心服口服。

怀抱公平之心，是处理团队日常事务的基本准则。身为管理者，你必须办事公正无私，如此才能博得下属的敬重和信任。如果处事不公，偏袒喜欢的人，就会败坏团队风气，破坏团队团结。所以，作为管理者，你应该重视这些问题，从大处着眼，从细微处着手，确保团队有一个公平、公正的竞争氛围。如此，才能树立威信，提高员工的工作热情和积极性。

📖 学会分享荣誉

作为管理者应做到非常慷慨地把荣誉和奖励分给大家，你领导的团队中优秀员工越多，说明你的工作做得越好。

有这样一个故事：

一只幸运的乌鸦得到了一块肉，于是它叼着那块肥美的肉到了一个角落里，就在这只乌鸦想美美地享受这顿丰盛的午餐时，一群乌鸦追来了。这只乌鸦吓得赶紧叼着这块肉逃走，它不想与别的乌鸦分享自己努力得来的美味。可是，叼得太久了，那块肉不小心掉到了地上。于是，一只十分机敏的乌鸦抢到了那块肉，这只乌鸦又叼着肉快速地飞走。然后那群乌鸦又开始追逐新叼着肉的乌鸦，当然，最先叼着肉的乌鸦也有气无力地跟着追。结果可想而知，那块肉就在一群乌鸦嘴里叼来叼去，最终没有一只乌鸦能够安安静静、舒舒服服地吃掉那块肉。

乌鸦因为得到了一块肉而遭到同伴的追逐。现实生活中，作为管理者，如果只是独自享受荣誉的话，最后的结果也可能是"很难舒舒服服地吃掉那块肉"。这就是职场上的"独占易起纷争，分享才能共利"的情况。

我们经常可以看到这样的情况：一个因工作努力而被评为先进工作者的员工获得了一定的奖励，当他上台领奖时，下面鲜有掌声。于是他一气之下当场拒绝了同事要他请吃饭的要求。结果第二天同事们不再和他说笑，甚至不愿跟他合作做事情。为什么会这样呢？就是因为他没有将自己获得的荣誉与他人分享。不要埋怨大家嫉妒你，因为对你所取得的成绩表示单纯的欣赏和诚心佩服的人不多，因为谁都想得到这份荣誉。

当你获得荣誉时，首先要感谢上司的指导和同事的支持，哪怕是别人没有帮助过你，客套一番也是必不可少的。当然，你也可以采取更有效的方式来表达你对他们的感谢。与别人分享你的荣誉，这样会使对方有被尊重的感觉。

📖 心底无私，员工自跟随

一个人真正的影响力和吸引力，主要来自于精神上有很强大的力量。作为管理者，主要体现在具有强大的领导影响力。管理者不能做不符合礼仪的事。一切行为都要符合原则，这才能有效贯彻执行。只有这样才能成为他人的榜样，才能在团队成员中建立起崇高的威信。

董明珠任格力经营部部长时，一个不是格力经销商的人想从格力拿货，托关系找到了她的哥哥，并承诺事情办成给她哥哥 2% 的提成，这是一个不小的数目。这件事对身为部长的董明珠来说，只是一句话的问题，而且没有违背公司的制度。但是，董明珠拒绝了哥哥的请求。因为，她如果为亲人谋利益，就会伤害到其他经销商、合作伙伴的利益，公平性就会出现偏差，如果这股风气蔓延，格力这个牌子就会受到污染。董明珠的拒绝伤了哥哥的心，但是董明珠没有后悔，她觉得这样做是值得的："我把哥哥拒之门外，虽然得罪了他，但我没有得罪经销商。"

为了树立自己负责、公正的形象，管理必须保持高度警惕，在团队领导上多做周全考虑。例如，每当做出一项重大决策时，不妨扪心自问，是否有私情的成分包含在里面？是否符合团队大多数人的利益？是否实现了工作效益最大化？是否获得团队成员的一致认同？把这些问题想清楚了，任何决定都不会引来指责与非议。

"心底无私天地宽"，这是管理者重要的品质表现。管理者如果具有巨大的影响力，事业就有了成功的保障。而这种影响力正是来源于正气、正义和正派的作风。

第二节　关心下属，善待员工

关心下属，及时指导

1. 关心下属

要关心下属，缺乏对员工在工作、生活上的关心和了解是得不到员工支持的。时刻真心关怀下属感受的管理者，将完全捕获下属的心，下属会心甘情愿、自动自发地努力工作。对别人表示关心和善意，比任何礼物都能带来更好的效果。

关怀和奖励的方式有很多种，下属辛苦了，哪怕你说一句"兄弟，你辛苦了！"也是一种奖励，都会让对方感受到心灵的温暖。

该给下属解决的问题要及时解决，该替他们分担责任的时候要及时分担。体贴和关怀下属分内的工作，这么做的时候，你自己也会感到很快乐。

> 关心要出于内心，而不是做表面文章

2. 及时指导

工作中，下属总是希望自己能时常得到上司的及时指导，因为上司的及时指导就是对下属的关注和培训。

管理者的首要职能是指导和服务，而其中指导得好坏对下属能力的成长、组织的可持续发展、管理者自身素质方面的培养举足轻重。管理者应掌握如何指导下属的诀窍。

（1）让下属了解工作的意义。

千万不可让大家以为，在工作场所只要按照命令行事就成，尤其不能让新进的人员有这种齿轮化的感觉，否则就会使下属觉得工作是件僵化的事。

虽然让年轻人自行摸索工作的意义与目标是一件好事，但身为前辈的管理者，应指导下属了解工作对他们人生的意义。正如杜拉克所言，管理者必须是一个作业场所中不折不扣的管理者，他必须使全体工作人员，彻底了解工作的意义才行。

（2）和下属打成一片。

管理者应该与下属打成一片，具体地说，就是要随时注意下属的工作状况。

①管理者在每次对员工做出指导后，应在旁边观察下属的工作方法，一有错误发生，就立即加以纠正。

②当下属能力有了一定程度的提升以后，要鼓励他挑战新的工作。下属听到这种鼓励的话，往往非常喜悦。

③善用下属的长处，使其潜能在工作中得以尽情发挥，达到"人尽其才"的目的。

（3）经常进行工作检讨。

工作检讨的重点应从工作种类、工作方法、工作失败的影响等角度加以区分考虑。

①将工作的种类大致分为：例行的工作、在预定时间应该进行的工作、偶尔进行的工作。

②工作的方法：应区分为已做过的工作与未做过的工作两类。

③出现问题的影响：应区分为交货日期延误与品质不良两类。

身为管理者，经常与员工一起进行工作检讨，能有效地提升工作效率，同时也能促进管理者与员工之间建立良好的人际关系。其步骤为：

步骤1：找出每一项工作的不足之处，招致失败的原因与困扰的因素，并想出更有效率的工作方法并将其标准化。

步骤2：把工作所需的能力与下属的能力做对比，再观察下属对现有工作是否具备足够应对能力，如不足时看到底需要提升哪一种能力。

步骤3：与下属密切合作，使工作顺利开展，消除失败，提高该下属的能力。

善待手下每一位员工

随着团队规章制度管理越来越健全，许多管理者总认为自己和团队成员之间的距离越来越远。其实，在严格管理团队的同时，管理者要让团队成员感受到人情味，这样就会拉近和团队成员之间的距离。

1. 要把团队成员当作团队的主人来看待

团队成员有合理的意见，要认真及时地采纳；对有些偏激的意见，不批评、不打击、不报复，不要求全责备，而是正确引导，这样组员才会由衷佩服你。

2. 要把团队成员当作朋友来交往

作为管理者，不但需要良好的业务素质，还要良好的思想素质和工作作风，在工作、生活和学习当中要和团队成员们平等相处。如果总是自以为是，成员们就会觉得你难以接近，就会有意和你拉开距离。所以你要以朋友心对待团队的每一个成员，真正成为团队成员的知心朋友，要让团队成员切身体会到你是在真心实意地关心、帮助、爱护他们，那么，团队成员也就自然而然地会和你成为朋友。

3.要把团队成员当作兄弟、姐妹来关心

作为管理者，无论何时何地都要时刻关心组员的生活，帮团队成员所需，解团队成员所难。当团队成员在工作、生活和学习当中出现了思想上不稳定的情绪时，要及时给予关注和情绪疏导，把"情"字贯彻到团队管理当中，管理者的工作开展就会越来越顺利。

不定期开展民主生活会，不失为一种增进团队成员之间情感交流的好办法。表8-1是民主生活会记录表，谨供参考和借鉴。

表8-1 团队民主生活会记录表

日期	应出席人数	实际出席人数	议题	主持人	记录人	备注
会议记录：						

注：1.每季、每月召开一次，由管理者召集和主持。

2.内容要联系团队工作实际，从团结协作的愿望出发，开展批评和自我批评，总结经验教训，达到消除隔阂、解决矛盾、协调人际关系的目的。

第三节 帮助员工解决问题，凝聚人心

消除员工工作上的恐惧心理

谁都有缺点，谁都有软弱的一面，事实上，恐惧通常只有当员工面对新情况或者做一件从来没有做过的工作时才会产生。聪明的管理者既不会嘲笑员工，更不会蔑视员工，他们总是客观地看待员工的"恐惧"，积极帮助员工尽快走出恐惧的阴影，令"当事者"感激涕零，"旁观者"窃喜在心。有如此善解人意的管理者，员工们定会想"我还怕什么？"而这又怎能不使他们一个个成为努力奋发的员工呢？

很多时候，员工们不愿意去做一件工作，就是因为他们已间接地预测到，做这件工作会给他们带来负面的结果，从而产生恐惧心理。

在现实工作中，对于那些很在意自己是否能成功地完成工作的员工，恐惧的发生是自然的。如果员工坚信自己不可能完成这项工作，但这项工作能否完成对他们又很重要时，他们就很难按管理者的指令去做，甚至不去做。恐惧使他们只关注做不好这一工作可能产生的所有不良结果。

当管理者问他们"为什么"时，员工常会回答："我不敢去试，尽管我认为那是一个很好的办法。可是一旦失败了，我就会陷入困境和麻烦之中。"另如，"我不敢告诉你，我不知道怎么做这项工作，因为，这样也许你会认为我太笨。"……可见，恐惧已使员工失去了做这件事的能力和信心。

最令人遗憾的是，员工不敢向管理者表达这份恐惧，即使管理者与员工主动沟通，员工也不会告诉管理者真正的原因所在，当然也不会向管理者求助了。

当遇到上述情况时，管理者要鼓励员工尽力去做手中的工作或被要求去做的事。具体而言，就是让他们明白这件事对他们是不会有什么负面结果的，或者说，负面结果并不如他们所想象的那样糟糕。

在讲清利害关系后，管理者要给予员工一定的鼓舞和克服恐惧的实用方法，激励员工，以排除员工的工作障碍。

假定一位员工性格内向讷言，而他的工作又要求他必须积极主动。这时，管理者就应该向他讲清楚道理，告诉他谁都有胆怯和恐惧的心理，只要他愿意汗水，保持积极的心态，那么他肯定就能成为他自己所想成为的那种积极主动的员工，同时，还要向他讲述一些如何克服胆怯和恐惧的事例；再建议这名员工经常向他自己说一句自我激励的话。在管理者的帮助下，这名员工就会通过各种方式克服恐惧心理，成为一名优秀员工。

增强员工的自信心

自信是一种工作动力。员工不自信就很难感觉到成功带来的喜悦，自然工作也就不会有积极性，工作效率也不会很高。

增强员工自信心的方法很多，表8-2列举的方法可以试着用一用。

表8-2 增强员工自信心的方法

序号	方 法
1	建立明确的规则，执行规则要前后一致
2	当员工彼此发生冲突时，要为他们解决问题
3	与员工谈话时，专心一致，让他们觉得被重视
4	赋予责任时，让员工以自己的方式去发挥，即使事情暂时做得不好，也不要急于收回责任
5	诚实地表达你的感情，要求员工也诚实地表达他们的感情
6	承认自己的错误
7	让每个员工在工作范畴内发挥他（她）的创意
8	注意员工好的表现，不要只挑错
9	避免责骂
10	让员工知道你信任他（她）
11	不要拿员工比来比去
12	公平，不要偏心
13	鼓励整洁
14	不要将员工和他（她）的工作混为一谈，如果员工做错了，让他（她）了解你不满意的是他（她）的工作，不是他（她）个人
15	与员工分享决策的权力
16	不要求员工做超过他们能力的事，如果员工实在不能胜任工作，可以委婉地劝他们转岗
17	对员工要和善、体恤

给员工以温暖

1. 员工缺乏温暖感的危害

不少人抱怨自己员工的流失率高，对团队的发展影响太大。究其原因是团队管理者缺乏有温度的管理。

对员工缺乏温度的团队，至少会有下列问题：

（1）浪费培训资源。

（2）员工适应需要一定时间，工作效率偏低。

（3）对公司声誉有影响。

2. 影响员工归属感的因素

影响员工归属感的因素包括：

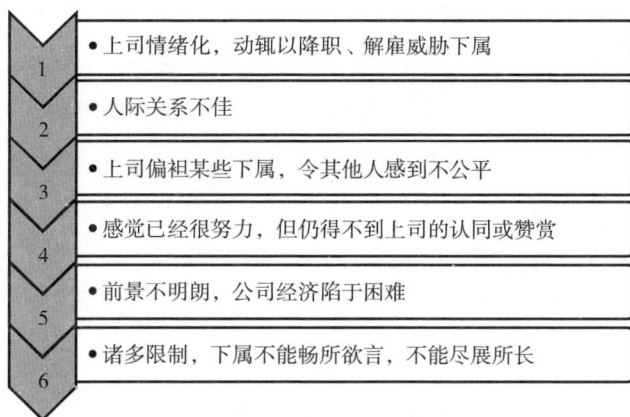

1	• 上司情绪化，动辄以降职、解雇威胁下属
2	• 人际关系不佳
3	• 上司偏袒某些下属，令其他人感到不公平
4	• 感觉已经很努力，但仍得不到上司的认同或赞赏
5	• 前景不明朗，公司经济陷于困难
6	• 诸多限制，下属不能畅所欲言，不能尽展所长

3. 给员工温暖感的方法

人的一生中有三分之一的时间都用在工作中，如果工作不如意，除了睡眠时间外，几乎所有时间都感到不快乐。

员工对公司温暖感的提高，也就意味着员工对公司及所在团队在情感上的认同。一个在团队中被温暖的员工，会用他的热情带动更多的员工认同团队，团队的人际氛围自然而然地得以改善。如何提高团队员工温暖感呢？

（1）不能强要下属没有情绪。

人是感情的动物，不能强制要求下属公私分明，一切私人感情均不带进工作现场，更不要期望每一位下属都是"硬汉"或"铁娘子"，人都是需要别人关怀的。

下属满怀心事，未必是因为工作不如意或身体不适，有可能是被外在因素影响的。如至亲的病故、家庭纠纷、经济陷于困境、爱情问题等，都会使一个人的情绪波动。作为管理者，应予以体谅，并就下属某方面的良好表现加以赞赏，使他的不良情绪有所疏解。

（2）多一点关心。

冰冷的面孔、严峻的规定、漠不关心的同事，都使人感到不安。

管理者在适当时候为下属解决问题，用朋友的身份询问下属发生了什么事，细心聆听、慎给意见；最重要的，是绝对保密，永不将下属的私事转告任何人，才能得到对方的信任。

（3）允许下属调剂一下情趣。

适量的放置私人纪念品，不但能调剂视觉，更能调剂繁重而沉闷的工作，使下属工作起来分外起劲。所谓适量，是指以不妨碍工作为原则。

有时候经过下属的工作台时，不妨留意他们的桌面，是否摆放家人的照片。表现得蛮有兴趣地问他们相片中的人是谁，因为放置私人照片，有一部分原因是希望得到别人的欣赏和赞美。

对员工摆放的一些奇形怪状的装饰品，不妨细加欣赏，使下属感到被欣赏。遇到桌面放置太多私人物品的下属，不宜立即下令他挪开，应在细加欣赏后，建议他做适当的摆放，做到既可以增加视觉美感，而又不会妨碍其工作。

关怀下属，可增加其归属感；但是过分关怀，则流于感情用事。如因为同情一位失恋的下属，而将其工作量转移到其他下属身上，美其名为体谅前者，却对后者极不公平，影响后者的工作情绪。

此外，听下属细诉不快事，可以使他们宣泄情绪，但是若不懂得控制场面，反而易使对方越说越不安。有时候，下属的家庭有问题，脾气暴躁，作为上司应在聆听他的倾诉后，做出适当的安慰已经足够，千万不要因此在实际工作上做出迁就，使对方得寸进尺。否则他会漠视你上司的身份，忽视你的指令，以为自己有了一道"免死金牌"，"奉旨"拖延。

在工作上做一个既有原则又有温度的人，这样既能高效推进工作又能把员工紧紧凝聚在一起。

第九章

知人

——掌握员工状况，合理分配任务

第一节　掌握员工心理，让其欣然接受指令

了解下属的内心世界

戴尔·卡耐基曾说："世界上唯一能影响对方的方法，就是给他所要的东西，并告诉他如何才能得到它。"身为团队管理者，需要了解下属的内心需要，并将其作为引发他们产生积极行为的动力基础。

出于本能心理，人们总是希望满足其自我成长和发展的心理需求。虽然这样的需求对个人而言是积极的，但对于管理工作来说却未必如此。

马斯洛从低到高地将人们的需求分为生理需求、安全需求、社会需求、尊重需求及自我实现的需求。

> 对于有不同需求的员工，要确保奖励措施与他们的心理需求对接，这样才能实现有效激励

一些管理者认为，奖励是为了刺激下属的积极性，惩罚是为了避免让下属犯错误。其实不然，因为惩罚的目的并不仅仅是为了规避下属犯错，更是为了从反面促进他们工作的积极性。正如末位淘汰制管理中引入的很多惩罚措施并非单纯地要淘汰谁、剔除谁，而是要给员工制造心理压力，激活他们正向的心理动机。

如何能让惩罚刺激下属的深层心理呢？管理者只有了解他们真正害怕的是什么，才能让惩罚更有效。

心理学家认为，如果人们处于"希望得到"和"得不到的危险"之间，就很可能会打破心理平衡。为了重新调整心理现状，就会通过放弃或争取来实现。有效的惩罚是要让下属做出正向选择，这就需要对下属的心理进行透彻而准确地洞察。

我们可以看到，无论是奖励还是惩罚，只有真正了解下属的深层心理才能让奖惩充分发挥作用，才能获得下属的认可。

📖 商量比命令效果往往更好

松下幸之助曾经说过："不论是企业或团体的管理者，要使下属高高兴兴、自动自发地做事，我认为最重要的，要在管理者和被管理者之间，建立双向的，也就是精神与精神、心与心的契合、沟通。"他认识到了管理者与下属沟通的重要性，因而在实际工作中身体力行，终于取得伟大的成功。

要达成管理者与下属心与心的契合、沟通，关键的一点就是要与下属一起交流商量。一些管理者喜欢颐指气使，有事就大嗓门地命令下属去干。他们认为这是雷厉风行，能够产生最佳效果。他们命令下属去干事的时候也不看下属的意见如何，反正一句话："给我干！"

一般来说这样的管理者比较有能力，在下达命令之前经过了深思熟虑。这种方式下，一种情况是下属对管理者产生了信任，什么都不问就照管理者说的去做，反倒失去了积极性和创造性，成为只会办事的机器。另一种情况是，有些下属面对管理者铺天盖地的命令，连问一句"为什么"的机会都没有，自己想不明白当然就不愿认真去做，这样事情就无法做好。

要吩咐下属去办一件事，命令是必不可少的，特别是在紧急的情况下，一分一秒都是宝贵的，没有时间做详细的解释。但更多的时候，还是以商量的方式为好。

如果采用商量的方式，下属就会把心中的想法讲出来，这样便于管理者一方面可以吸收员工的想法和建议，一方面可以有效推进工作。下属的意见既然被采用，自然就会认真把事情做好。

另外，管理者让下属去干一件事时，也可以有技巧性一些，比如给下属指出一个美好的前景，这样他们更容易欣然去做。

所以在工作安排中，管理者应做到以下几点：

（1）不要用自己的权力压制他人。

（2）要仔细聆听下属的意见。

（3）若同意对方的意见，可以表示赞赏，这样会使下属为自己的意见被接受而感到骄傲。

（4）如果不同意，必须向下属说明理由，否则当下达其他命令时，下属可能会我行我素。

📖 让下属主动选择更能使其欣然接受命令

如果丈夫懒得外出旅行，妻子可以这样尝试问他："你是想去国外旅行？还是就在国内旅行呢？"

如果能巧妙地运用类似的这种选择题，更能使下属欣然接受命令。当你必须告诉你的下属，他已经从总公司被调到他所不愿去的分公司时，你要怎样去说服他呢？这时如果你用命令的口气告诉他："你非去不可，否则只有辞职。"那这个下属一定会记恨你一辈子。假如你能巧妙地给出选择题让他选择，就可以轻松地说服这个下属。你可以这样说："其实，在上一次董事会中，我们就曾考虑过要把你调到北方的分公司，但后来想想那边实在太远，对你来说很难照顾家庭，所以最后决定还是把你调到离公司近一点的中部分公司，怎么样？让你换一个环境，也比较有新鲜感。"

对一个原在总公司任职的员工来说，去分公司任职，大多数人都不会情愿接受，但如果再给他一个更差的地方做比较，他就会比较容易接受了。尤其是你说要调他到环境更差的地方去，他就会产生"好险"的感觉，对调到好一点的地方也就欣然接受了。

先将对方意识不到的前提遮盖起来，就可以使"做选择题"成为一种强有力的说服武器。管理者在下达难度比较大的命令时，不妨尝试这种方法。

📖 快速建立合作与信任的8种说话方式

美国管理学家雷鲍夫提出了一套沟通方法，被称之为雷鲍夫法则。在你着手建立合作和信任时，你要学会使用雷鲍夫法则，以下8句非常重要：

（1）最重要的 8 个字是：我承认我犯过错误。

（2）最重要的 7 个字是：你干了一件好事。

（3）最重要的 6 个字是：你的看法如何？

（4）最重要的 5 个字是：咱们一起干！

（5）最重要的 4 个字是：不妨试试。

（6）最重要的 3 个字是：谢谢您！

（7）最重要的 2 个字是：咱们……

（8）最重要的 1 个字是：您……

仔细观察雷鲍夫法则的 8 句金言，你会发现它们是一个不断渐进的过程。要建立合作和信任的基础最重要的就是认识自己和尊重他人。而上述定律无疑就是进行这一过程的最好表现。

1. 最重要的 8 个字是：我承认我犯过错误

说这 8 个字的前提是知道自己错了，并能主动承认。这就要求管理者能做到反省和谦逊。能身体力行做到这一点，并且真正是发自内心，坚决贯彻到底，这往往会产生出人意料的良好效果。

2. 最重要的 7 个字是：你干了一件好事

学会关注别人，鼓励别人，是建立合作与信任关系的第二条秘诀。

3. 最重要的 6 个字是：你的看法如何

当你听完下属的汇报，问一句："你的看法如何？"下属的责任感和自尊感会油然而生。这才是顾及他人感受的管理之道、成功之道。

4. 最重要的 5 个字是：咱们一起干

"咱们一起干"这 5 个字，反映的是管理者与下属全力以赴的信心和决心。其作用，正如《孙子兵法》所说"上下同欲，则战无不胜"。

5. 最重要的 4 个字是：不妨试试

"试试"就是鼓励下属不断地进行创新。"不妨"是这句话的关键。不妨就是不要太在意结果，有创意就一定要付诸实施，一定会有收获的。

6. 最重要的 3 个字是：谢谢您

"谢谢您"似乎是最常用的礼貌用语，但是到底要如何说出这个礼貌用语其实是一件非常有技巧性的事情，并非把"谢谢"挂在嘴边就可以了，真正说到人心里的"谢谢"是不需要用嘴表达的。

7. 最重要的 2 个字是：咱们

使用"咱们"二字能够拉近你与员工的心理距离。

8. 最重要的 1 个字是：您

这一条看似简单，其实不简单。这是要你时刻记得尊重你的合作伙伴——"您"而不是"你"，这就是尊重。

理解了雷鲍夫法则，你与下属建立信任、合作的过程会事半功倍、无往不利。

第二节 知人善任，合理分工

知人善任才能发挥员工才能

管理者的管理方式应该具有灵活性和多样性，根据员工的工作态度和工作能力采取不同的方法进行管理。在用人和管人的时候不能一刀切，只用一种方法管理所有员工的工作方式是行不通的。

1. 知人善任，合理安排

在团队中，员工只有在合适的工作岗位上才能最大限度地调动自己的主观能动性，充分发挥自己的工作能力，才能为团队创造最佳的业绩。而一位优秀的管理者只有掌握了"知人善任"的用人之道，对每位员工"量体裁衣"，把员工配置在最适宜的工作岗位上，才能为团队成员的"人尽其才，才尽其用"创造良好的条件。

2. 看菜吃饭，因人而异

俗话说：人上一百，形形色色。在一个团队里，员工们的年龄、文化程度、技术水平、性格特点和精神面貌等都不尽相同。作为团队领导者，应该灵活运用管理方式，针对员工的特点进行弹性管理。

在工作中，如果按工作能力与工作态度分类的话，可以把员工大致划分为 5 大类：

（1）能力强，同时积极的员工。

这类员工是团队工作中的骨干，也是团队开展工作的核心力量。所以你应十分重视这部分员工。对这类员工的良好表现要予以表扬和肯定，并给予奖励，发挥他们的表率作用，将他们树立为团队学习的榜样。

（2）能力强，但积极性不强的员工。

对于这样的员工，你应该找出他们缺乏积极性的原因。不同的人，工作态度不好的原因也是不一样的，要对症下药。

（3）能力较弱，但积极性高的员工。

这类员工一般都比较忠实，管理者应该为他们提供更多的培训机会，帮助他们成长，提升他们的专业技能。

（4）能力和积极性都一般的员工。

在团队中，这类员工比例最多，你应该把管理的重点放在这类人身上。通过制定新的工作计划和目标、加强业绩考核、加大奖罚力度等方法来调动他们的工作积极性。还应该制定专业培训计划，开展团队业务比赛，通过请老员工传授经验等方法来提高员工的业务水平和工作能力。

（5）能力低，工作态度又不好的员工。

对这类员工要注重其思想教育，要利用团队的影响力去改变他。如果实在不行，可以果断将其调岗或辞退。

合理分工，可以使下属心情舒畅

知人善任，对下属进行合理分工，可以充分发挥下属的积极性和创造性

作为管理者，其主要精力应该花在计划、组织、监督、指导上。如果事必躬亲，必将因小失大，一方面，自己的时间和精力大部分被琐碎的事务占去，势必影响宏观调控的能力；而另一方面，又会使下属觉得工作你都干了，他无事可干，丧失工作的积极性和创造性，不能人尽其才、才尽

其用。这样即使你干得筋疲力尽，团队也难以取得优秀的成绩。

　　管理者必须根据发展状况和实际需要，认真研究团队对人才的需求，什么岗位需要什么样的人才，要做到心中有数。同时要清楚了解下属的能力与特长情况，尤其要善于发现那些默默无闻的人才。管理者在用人的过程中必须牢牢记住一点：用人不疑。

　　管理者一定要有正确的用人态度，要有清醒的用人意识，要有坚定的用人信心。团队可以有各种监督、考核手段，但并不是在其职权范围内横加干涉。要表里如一，让下属安心工作，让他们觉得不必花费精力来应付管理者。通过建立科学的选拔和用人机制，让真正有能力的人脱颖而出。

　　作为管理者，在对下属进行任务分工时也应根据下属的能力和特长进行合理分配，否则不仅会造成下属的不满情绪，影响上下级之间的交往，更不利于工作的完成。

　　信任也是知人善任的一项原则。你应该对你的下属毫无猜疑地信任，这样才能使他们忠实、真诚地为团队效力，才能使他们负起应负的责任。

　　要做到信任下属，还应该多听取他们的建议，让他们知道自己也在参与管理，而不仅仅是被管理者。要记住：请教别人或征求他们的意见，一定会使他们感到高兴的。

📖 根据性格特点任用下属

　　管理者的任务简单地说，就是找到合适的人，放在合适的地方做合适的事。管理者要想说服下属，让他们依照你的意愿行事，就必须摸清下属的性格，对不同的人采用不同的方法，既不能千篇一律，也不能"牛不吃草强按头"。

　　要摸透下属的秉性，必须对下属有全面、细致的了解，对下属的情况知道得越多，越能理解他们的观点和发现他们存在的问题。作为管理者，应当尽一切可能去认识和理解下属的情况。

　　下属的工作态度和习惯不只影响他自己的工作效率，也容易影响到团队其他成员的士气和工作效率。

　　对于不同的下属，你一定要把握他们的性格，才能够据此采取不同的对策，让他们信服你。所谓性格，是指人对客观现实的稳固态度以及在与之相适应的惯常的行为方式中表现出的个性心理特征。性格是一个人个性的核心，它直接影响到人的行为方式，进而影响到人际关系及工作效率。

一般来说，下面几类人的性格较为突出，也比较难管理，需要采取以下相应的措施：

对文化程度很高的下属，可以用商量的口吻。

对文化程度较低的下属，应多举现实事例。

对刚愎自用的下属，在循循善诱不灵时，可以用激将法。

对夸夸其谈的下属，不妨用诱兵之计。

对脾气急躁的下属，他们讨厌喋喋不休的长篇大论，用语须简明、直接。

对性格沉默的下属，要鼓励他们多多说话，不然你将在云里雾中。

对头脑顽固的下属，如果硬攻，容易形成僵局，造成顶牛之势，应看准对方的兴趣点，进行转化。

对性格刚强而又粗心的下属，可以托付他做大事，而不能安排需要深入细致才能做好的事，因为他在论述大道理时，会显得广博高远，但在分辨细微的问题时就失之于疏忽。

对性格倔强的下属，不能屈服退让，谈论法规与职责时，他能约束自己并做到公正，但说到变通，他就显得乖张顽固，与他人格格不入。此种人可委托其制定规章制度。

性格坚定又有韧劲的下属，往往喜欢实事求是，因此他能把细微的道理揭示得明白透彻，但涉及大道理时，他的论述就过于直露单薄。此种人可让其办具体事务。

能言善辩的下属，辞令丰富、反应敏锐。这种人可让他做培训工作。

随波逐流的下属不善于深思，但能做到有豁达、博大的情怀，但是要他归纳事情的要点时，他的观点就疏于散漫，说不清楚问题的关键所在。这种人可让他做基层管理工作。

见解浅薄的下属，不能提出深刻的问题，当听别人论辩时，由于思考的深度有限，他很容易满足，若要他去核实精微的道理，他却反复犹豫，没有把握。这种人不可大用。

宽宏大量的下属思维不敏捷，谈吐文雅，仪态悠闲，但要他去紧跟形势，他就会因为行动迟缓而跟不上。这种人可用他去带动其他员工的行为举止。

温柔和顺的下属缺乏强盛的气势，他体会和研究道理时会非常顺利通畅，但要他去分析疑难问题时，则会拖泥带水。这种人难有创意，但能按照管理者的意图办事。

喜欢标新立异的下属潇洒超脱，喜欢追求新奇的东西，在工作需要突破时，他卓越的能力就会显露出来。这种人可从事开创性工作。

每个人的性格都有其优缺点，管理者在管理员工时，最重要的就是要善于利用员工的性格特点，取长补短，极大地发挥员工的个人能力。

📖 能捕鱼的捕鱼，能射雁的射雁

我们都知道，能容得下一头牛的锅，肯定可以煮熟一只鸭，只是太浪费柴火罢了。用人才，也是这个道理。比如，一个文学家当然可以去种菜，一个特警也可以去当护卫，只是让这些人才去做这些事情无疑是浪费他们的才智。

当然，在管理中，人的因素要比锅、牛、鸭、柴的关系复杂得多。有些大才之人往往在小事上不胜任。比如，让一个企业高管去做秘书平常做的各种报表，他不一定在行；让一个政府领导像泥瓦匠一样去砌屋他不一定就能做好。因此，在用人时，应该根据实际情况，结合他的潜能来识别和判断他合不合适。

团队中，分工众多，根据每个人不同的特点和优势，让其在合适的职位恪尽职守是用人者的智慧。然而，很多管理者都不善于识人、用人，从而造成管理中人力资源的极大浪费。

能做到"人尽其才"是一个管理者最大的本领，一个能挖掘人才身上所有的亮光点，为团队赢得最大利益的管理者，无疑是最优秀的管理者。从团队的角度来说，管理者能让一个员工散发出更多的光芒，能为团队创造更大的利益。从人才自身来说，每个人都希望在团队中找到自己存在的意义，当有一个管理者能够指引他正确的方向，并能提供强有力的支持时，他无疑会视这个管理者为知音，这种关系无疑对团队和管理者更为有益。

最可怕的并不是管理者不会识人，而是管理者不知道自己不会识人。当他们自以为是地选择自己眼中的人才时，他们心中充满了自信，直到他们选择的"人才"带来了巨大的甚至无法挽回的损失时，他们才发现自己用错了人。

还有一些管理者，明明身边就有很多人才，却把他们安排在不恰当的位置上，还抱怨自己身边没有能人。现实生活中，对于管理者最重要的不是拥有多少人才，而是能否识别人才并充分加以利用。"能捕鱼的要让其捕鱼，能射雁的要让其射雁"才是最好的用人之道。

📖 "平庸"放对地方就是"人才"

一个人的短处和长处之间并没有绝对的界限，放在这个地方可能是短处，在另外一个地方可能就是最大的优点。就像一位艺术家所说的："世界上本没有垃圾，只是人们把宝贝放错了地方。"

在一次工商界的聚会中，一群管理者谈起了自己的管理心得，其中一个老板抱怨道："我有三个让我头痛的员工，我要找个机会炒掉他们，一个整天挑三拣四、嫌这嫌那；一个杞人忧天，成天担心公司出事；还有一个经常不上班，整天在外面瞎混。"其中一个老板听后说："既然这样，你就把这三个人给我吧。"

没几天，这三个人就到新公司报到了，那个老板让喜欢挑三拣四的人负责管理产品质量；让害怕出事的人负责管理保安系统；让喜欢在外面跑的人负责产品宣传。这三人上任之后，工作相当卖力，他们管理的事情不仅井然有序而且卓有成效。

一个家庭主妇不能看见什么东西暂时没用就扔掉，这样纵使有万贯家财也会因为不善于管理而挥霍殆尽，巧妇们最擅长的就是变废为宝，这样既经济，又有效。团队中的人才管理者也一样，在用人方面不能太死板，只看人的短处和缺点，而要想着如何把一个人的缺点变成优点，把每个人都安排到他最适合的位置。

现在不少团队苦苦寻找、招揽人才，许多团队管理者用了很大的精力，费了很长时间来培养人才，却忽略了人才要合理使用这一点。他们没有将下属安排到合适的岗位上，造成了人才的浪费。

优秀的管理者，不仅懂得知人、识人，更懂得用人。识人、知人，可以寻找到合适的人才；善用人，可以留住适合的人才。知人兼善用，团队就会人才济济，业绩自然就会高歌猛进。管理者识人的目的是用人，因此，着眼点应该放在一个人的优点上，要用其所长容其所短。如果管理者天天盯着其短处，员工是做不好事情的。

一位优秀的管理者应当弄清楚自己下属的性格和优缺点，给团队的正常发展制定一条切实可行的用人策略，要根据每个下属的不同特点因材而用，"智者不用其短，愚人需用其长"，使每个人都能在自己相应的工作岗位上发掘出自身的潜能。会挖掘员工的优点，是一个管理者的用人智慧。

第三节　合理授权，让员工自动自发

授权是管理者必备的技能

团队中的每个成员都有自己的职责，当他们加入团队以后，管理者就给下属分配不同的职责，团队成员的工作就是履行自己的职责，并把它顺利完成。每个管理者都应该为下属提供良好的工作条件，给予指导，放权让其成长。

古语有云："自为则不能任贤，不能任贤者群贤皆散。"也就是说，如果管理者事必躬亲，就是对下属工作的不信任，不信任导致不放权，而不放权又会加重下属的不被信任感，下属感觉自己的价值不被承认，最终导致人才流失。过于"能干"的管理者，往往后继无人。

> 管理者必须遵循一条基本原则：通过有效地分权和放权，实行分级管理，让员工各行其职

在团队里，任何一个管理者，要想让自己的管理才能得到发挥，维护权力系统的有机运转，就必须在抓住主要权力的同时，合理地向下属授权。

1. 哪些工作应该授权

哪些工作可以授权，没有绝对的标准。下面的这些指导方针或可帮助你在分析自己团队的具体情况时做出好的决定。

（1）对那些经常性必须做的工作进行授权。

那些经常性必须做的工作你已经做了很多遍，并且是公司例行规定的任务，你对它们了如指掌，知道这些工作关键所在、所具有的特性以及具体操作的细节。因为你很熟悉它们，所以你能很容易地解释清楚，然后把它们委托给下属去做。

（2）对专业性强的事情进行授权。

在团队里，你必须发挥员工的专长来做一切专业性的工作，专业性的工作不必事必躬亲。在工作上用好有专长的员工，让专业的人做专业的事，这样你可以将精力花在更有效的方面。

（3）对"职业爱好"进行授权。

对于一些简单、有趣的"职业爱好"，即使其他人比自己更胜任这份工作，但很多管理者不会对此授权，他们认为，把自己最感兴趣的工作分配给其他人是荒谬的。然而正是这些工作让管理者流连忘返却不足以体现出所付出的时间和精力的价值。

某销售经理已经连续几年参加一个商业聚餐会，他已经把这个任务视为和旧友见面的机会，而实际上他已经不需要再亲临那个商业聚餐会了，因为任何一个销售代表去也能取得同样的工作成效。他没有交出去是因为他觉得这些工作太富有趣味性了，然而，因为参加这个聚会，有更重要的销售策划没有完成。

团队管理者应该把精力放在重要的事务上，而不是自己爱好的工作上。

（4）对能给予下属发展机会的事情进行授权。

作为管理者，你首要的职责是给你的团队成员提供良好的发展机会，达到这一目标的方法是将恰当的任务分配给恰当的人。你清楚了解某些任务能使团队成员获得进步，那么，你就应该给予他们发展的机会。

2. 哪些工作不可以授权

虽然多数管理者都错在授权不足，但还是有少数管理者错在授权过度，有些工作是完全不能授权的。下面列出了一些不能授权的工作。

（1）人事或机密事务不能授权。

人事方面的决定（评估、晋升或者开除）通常是很敏感的，而且往往难以做决定，故而不能授权。

有些人事工作需要保守秘密，那么这项工作和职责就应该管理者亲自行使。

部门员工的工资、奖金、其他福利等看上去很花时间，似乎是可以授权的工作，但由于牵涉很多人的利益，所以应该是管理者自己做的工作，不适合授权。

（2）制定政策的事务不要授权。

你可以在涉及制度制定的一定范围内授权，但绝不要授权他人做关于实质性的制度制定工作。因为制度会影响相关的决策。

（3）危机处理问题不要授权。

假如发生危机，管理者应亲自坐镇，制定应对方案。当处于危机的时候，要保证自己在现场起一个领头的作用，这样有利于稳定人心，避免事态进一步恶化，为解决问题赢得宝贵的时间。

（4）对直接由你负责的下属的培养问题不要授权。

作为一名管理者，对直接由自己负责的下属的培养问题，应该亲力亲为，而不应该假他人之手。你的职责是去创造条件，让下属在与你共事时能使他们得到发展，帮助他们不断成长。

他们依赖你的经验、你的判断、你对组织及其需求的了解，辨别这些下属的能力，给他们安排对其成长有帮助的工作。这不是你该授权的工作，这是你的职责。

（5）不要对上司分配给你亲自做的事情进行授权。

你的上司叫你亲自做一件事情，通常会有他特殊的理由。如果你认为授权给你的一个下属去做更为合适的话，要先和你的上司商量，弄清楚他是要你亲自做还是可以授权给别人做。错误的理解可能会使你和上司之间产生误会。因此，对这种事情要与上司沟通，千万不要自行其是。

📖 授权应具体而且正式

成功授权有一个不变的主题：先计划好时间，以免将来浪费时间。或者说，与其以后你不断抱怨，不如现在你将它们解释清楚。授权会议是体现这些警示最佳的方式。

有些经理在准备授权时，有很好的意向和构思严密的计划。他们对工作进行分析，挑选出正确的任务进行授权，制定非常实际的工作目标，并将这些目标分配给合适的员工。但是，这些很好的准备工作却被后来的行为破坏殆尽。故而与员工一起花上足够的时间开一个授权会议是十分必要的，如果你草草说几句，员工们糊里糊涂，不知道自己该干什么，即使授权的前期准备工作做得很到位，如果授权的正式性、严肃性不够就会前功尽弃。

不要急急忙忙地授权。应该安排充足的时间来授权，理想的选择是在办公室认认真真地举行一个授权会议，讨论和提问时间要充分。授权是一件很严肃的事，应该谨慎对待。

授权请参考以下所列的五个步骤。

1. 表明目标

清楚地向被授权下属表达你要求达到的目标，包括可衡量的成绩标准。定期与被授权的下属反复重温这些目标。如果它是一个很小的任务，简单复查一两次就足够了，但为期 6 个月以上的项目，可能会需要每个季度或者每个月都进行复查，以确保这些目标仍然可行。不要过分强调遵循什么样的工作方法，这样将给员工太多限制，并会削弱授权的影响力。

2. 设定时间表

允许下属制定他们自己的时间表，比他们被动要求期限要好。如果被授权的人能够自行决定任务的时间安排，将使他们对自己面临的任务有更强的使命感。

但是，有时候确实需要你来制定完成的期限，要确保授权下属明白该项工作中有哪些任务应该优先处理，也要让他们明白不是你授权的每一件工作都必须优先处理。一定要建立一些汇报程序，以使自己能够监督工作进程，告诉被授权者，如果没有充分的理由，所有的检查时间和最后完成时间是不能变更的。

3. 分配必要的权力

无论你何时分配工作，你都应该给下属执行工作的足够权力，应让被授权下属了解你赋予了他什么权力，并尽可能将你的下属介绍给任务相关的人士，包括上司、同事和其他相关人员。你应确保被授权下属有足够的权力来完成这项任务，并且让他知道你期待他能够解决工作中可能遇到的困难。

4. 明确责任分担

将一项任务完整地授权，能够提高被授权者的兴趣和成就感。在每个授权中对下属要充满信心，如果你对某个下属没信心就不应该授权给他。

明确被授权者对任务所负的责任有助于解决两件事：一是让下属知道这已经是他自己的事了，他必须对工作结果负责；二是给他的工作形成了一种正面的压力和动力。

因此，授权时你应强调被授权下属可自由地做出与工作相关的决定。

5. 授权任务必须被彻底接受

被授权下属必须明确承诺接受分配的任务并将为之努力，要让下属充分认识到他不是被强加去接受授权的。

给猴以树，给虎以山

管理者不需要每个方面都比下属强，因为管理者的意义不在于事必躬亲，而在于正确合理地将权力交给下属进行自我管理。管理者只充当一个指引大方向、纠正错误，充当下属坚实的后盾的角色。

作为一个卓越的管理者，不能在细枝末节上周旋，需要腾出精力总揽全局，那些具体的工作应交给下属去执行，给下属足够的空间和自由，实现充分授权。给下属放权，一是要给下属在某件事务上发表意见的权力；二是要给下属在某些事务上决策的权限。管理者只当教练不当主管，启发下属的自觉性与责任感，才能让下属的能力得到充分发挥。这也是一个组织与团队成长的绝对关键要素。

团队只有让每个下属都感到自己是这个舞台中不可或缺的一分子，才能鼓舞下属去实现目标，振奋团队的精神，使下属与管理者齐心协力。因此，作为新一代的管理者必须摒弃老套的管理方式，增强下属的积极性和创造力，不要独揽大权，而要通过让员工参与决策，凝聚其心，激励其人，发挥其力。

查尔斯·曼兹曾说过："卓越的管理者并不是善于发号施令的、被迷信者认为有超能力和令人感到有魅力的人。相反，他们乐于帮助下属成为管理者。"在团队中，帮助下属提高他们的能力要比管理者一枝独秀更为重要；关心大家的成长要比显示自己的高超能力更有价值。从长远看，鼓舞他人、肯定他人的贡献及培育他人的热情将对管理者大有好处。

春秋时期，晋国大夫晋平公问祁黄羊说："南阳这个地方缺个县令，那么谁适合担任？"祁黄羊答道："解狐适合。"平公说："解狐不是你的仇人吗？"祁黄羊回答说："您问谁适合，不是问我的仇人是谁。"平公称赞说："好！"就任用了解狐。后来南阳的人都称赞解狐县令做得好。

过了一段时间，晋平公又问祁黄羊说："国家少一个军尉，谁适合担任？"祁黄羊答道："祁午合适。"晋平公说："祁午不是你的儿子吗？"祁黄羊回答说："您问谁适合，不是问我的儿子是谁。"晋平公又称赞说："好！"就又任用了祁午。后来都城的人又一致称赞祁午好。

孔子听到了这件事，说："祁黄羊的话，真好啊！他荐举外人，不感情用事，不排除自己的仇人；荐举自家的人，不怕嫌疑而避开自己的儿子，祁黄羊可以称得上是大公无私了。"

祁黄羊这种任人唯贤，就是把每个人放在最适合的位置上，就是给猴以树，给虎以山。

给猴子一棵树，让它不停地攀登；给老虎一座山，让它自由地纵横。这是一种管理的智慧，是团队授权的最高境界。

📖 放权不是放任，授权不是弃权

"这项工作就全拜托你了，一切都由你做主，月底告诉我结果就行。"——这是很多管理者授权的方式。很多管理者把权力下放给下属，自己当起了名副其实的"甩手掌柜"。这种放任式的放权是管理工作的大忌，会让下属感觉管理者似乎不太重视这件事，那么无论怎样处理，管理者都无所谓，就算最后做好了，也意义不大，从而不会重视被授权的事。

不负责任地放权、授权，不仅不能激发下属的积极性和创造性，反而会适得其反，勾起他们不满的情绪。因此，高明的管理者在授权方面始终坚持既要放权给下属，又不能给他们以不受重视的感觉；既要监督检查下属的工作，又不能使下属感到有名无权的尴尬。

管理者对下属授权就像放风筝，既要敢于"放"长线，让风筝飞起来，又要懂得适时往回"收"。"放"是要给下属留有自由发展的空间；"收"是要及时监督，不能放任下属为所欲为。

有很多管理者并没有掌握授权这门艺术，他们要么把权力死死地攥在自己的手里，要么放权就像"弃权"，却不知授权之后，管理者的角色是由工作的实施者变成了工作的控制者，在授权之后还必须执行有效的指导和控制。管理者只有完成这一系列的角色转换，授权才能走上合理、有效运行的轨道。

在授权的过程中，管理者应该做到以下几点。

1. 及时掌握变化情况

管理者授权给下面人的真正目的是保证整体目标的完美实现。因此，管理者授权之后的工作就是要掌控全局，适时纵观全局，及时掌握变化中的新情况，发现执行中的偏差、矛盾和问题，并对偏离目标的局部进行调整和修正，使其跟上整个计划的进程。

2. 让下属有所为，有所不为

管理者在控制下属权力时，要宽、严适度。既不能对下属束缚得太多，使其顾虑重重，又不能过于放纵，使其轻举妄动。既能在放权中让下属尽情地发挥自己的才能，又要把握住其方向，使下属有所不为。

3. 对下属实施监管

授权之后，管理者依然要发挥导向作用，把握整个形势的发展，为下属提供切合实际的指导、方法及措施。当他们在工作中遇到问题时，作为管理者应加以引导和启发，如果确定下属不能履行其职责，管理者就要马上采取措施，或换人接管，或收回权力。

总而言之，要想成为一名优秀的管理者，就必须深谙授权之道：一手软，一手硬；一手放权，一手监管，只有把握好其中的"度"，管理者才能让团队有条不紊地高效运行。

信任，让员工拥有足够的自主权

聪明的管理者一定要学会充分授权，将权力下放给员工，对员工充分信任，让员工在其职权范围之内，拥有足够的自主权，这样才能充分发挥其主观能动性。

对管理者来说，要真正从内心相信员工们能做好这件事，就要把整个事情托付给对方，同时交付足够的权力让他做必要的决定。

授权之后又对下属进行操控，往往会使授权失败，因为这显露出你的信任只是表面的，这会伤害下属的尊严。充分信任型的授权，才是有效的管理之道。被授权者可自行决定如何完成任务，并对结果负责，这种方式注重的是结果，而不是过程。

信任你的员工，团队的业绩才会蒸蒸日上。这是一种管理智慧，即敢于信任你的下属，真正做到"疑人不用，用人不疑"。如果想让下属拼尽全力地去完成你交代的任务，那么就请把你的猜疑之心收起来，给予下属足够的信任。

第十章

树人

——悉心指导培训，提高团队素质

第一节　培训是一种投资

培训是企业最好的投资

不少管理者认为培养员工的成本高，并且在短期内也看不到明显的收益，远不及投放广告等方式能快速获得效益，因此，他们不愿花时间、精力和费用去培训员工，只是一味地要求员工提高工作效率、提升产品质量。一个团队如果不提高员工知识和技能又怎么能够使员工创造更高的利润呢？怎么能够使企业长期屹立于市场？

著名企业管理学教授沃伦·本尼斯说："员工培训是企业风险最小、受益最大的战略性投资。"一项调查表明：每1美元的培训费用，可在3年内实现40美元的生产效益。因而，培训是一种能够获得长远收益的间接投资，它能通过提升员工的技能和素质从而提高工作效率，为团队带来实实在在的经济效益。

培训也能增加员工对工作的安全感和满足感，让他们感到有工作的动力，从而大大减少人员的流失。每个员工都希望在工作中获得提升和锻炼，拓展个人潜力挖掘的空间。如果团队不给员工提供学习和培训机会，员工也会觉得在这样的团队中继续工作是不利于个人发展的，最终选择走人就不可避免了。为员工提供培训，不仅能有效激励员工，培养员工对团队产生持久的归属感和忠诚度，还能更经济地为团队吸引到外来的人才。

很多团队为了吸引人才，以超出本公司员工数倍的工资从外面招聘员工，这很可能会导致公司原有员工的心理失衡，大大降低工作积极性，如果实行内部招聘则会省去这样的烦恼。管理者对现有员工的技能、经验和期望都有所了解，只要稍加培训就能让他们成为新岗位所需要的人才。

这不仅能降低招聘成本，还能减少人才流失，更能激励员工与团队一起成长。

📖 放飞你手中的雄鹰

有一个人在山顶的鹰巢中抓到了一只幼鹰，带回家后放在鸡笼里养着。这只幼鹰终日与鸡一起啄食、休息和嬉戏，使得它认为自己是一只鸡。等幼鹰慢慢长大，羽翼逐渐丰满起来的时候，主人想将它训练成猎鹰，怎料与鸡为伍太久的鹰，早已丧失了飞翔的愿望。主人用尽各种办法，都无法让它展翅飞翔。于是，主人只好将它带到山顶，并趁其不注意将它扔向山崖。鹰像一块石头似的直接就跌落了下去，慌乱之中它拼命地拍打早已忘却存在意义的翅膀，鹰终于飞了起来！

> 每个人都希望通过自己的能力证明自身的价值，希望有更大的空间来施展自己的才华，通过努力获得成功

如果管理者由于担心下属失败，就将他们放在温室里养起来，即便是有再远大理想的人也会丧失斗志，那将是对人才的忽视和不尊重。

不妨放飞你手中的雄鹰，让他们在更广阔的天空中翱翔，无论是风和日丽还是电闪雷鸣，都让他们亲身经历，在他们遇到困难时你再给予适当的扶持和指点。下属会在磨炼之中成长起来，你的团队也会因此而越来越强大。

📖 好兵是这样练成的

每年中国都会有大批的高校毕业生奔赴美国留学，这些人当中，有相当的一部分人毕业后留在美国，并以从事开诊所、做教师、科研、企业管理这四种职业居多。在这四个领域中，从事前三项的人都有突出的表现，但后者却表现平平。这是什么原因呢？

美国对医生和教师的训练十分严格，使得学医的留学生在严格环境的要求下勤奋学习，因此他们中的大多数都能成为很优秀的医学人才。从事教育和研究工作的人，与学医的人境遇相仿。而在美国从事企业管理工作

的人，其情况则与前两者大相径庭。虽然不少攻读工商管理的中国留学生拿了硕士甚至是博士学位，但是他们不愿意从基层做起，也不愿意接受磨炼，导致了很多美国企业不愿意雇用中国人。这不仅使这些留学生空有学位证却没有出色的工作经验，也使得他们失去了在实践之中吸取美国企业管理精华的机会。

IBM 公司有一条著名的用人原则："不管你会不会水，先把你推进水池里。"经验来源于实践，实践是最好的训练方式。放手让下属"在水池中游泳"，在磨炼之中成长并发掘他们的潜能，能让他们踏踏实实地做事，并将经验和教训更好地运用于实际工作中。

培训和锻炼员工，让员工在实践中切实体会到了团队对他们的尊重。不仅能让员工在严格的训练之中获得宝贵的经验，提升他们实际工作能力，还能增强员工与团队之间的尊重与信任，在团队上下形成一股强大的凝聚力，促进员工与团队的共同成长和发展。

授之以渔优于授之以鱼

有句话说得好，"员工培训是老板送给员工的最好礼物"。每个人都想使自己在这个世界上有存在的意义，而要让自己变得更有意义，参加适当的培训是所有员工的追求。如果管理者能看见员工的这种需要，并帮助员工达成愿望，相信会是一箭双雕的好事情。

为什么是一箭双雕呢？对员工进行培训，一方面，可以改变员工的工作态度，提高员工的素质和能力，激发他们的潜能，培训出优秀员工服务于公司，提升了团队的竞争力和经济效益；另一方面，能让员工体会到团队对他们的重视，认识到培训能够提升自己的价值，也是公司给他们的最好礼物，从而加深团队对员工的凝聚力，减少人员流失。

每个员工都希望能够不断地提高自己的业务能力和素质，使自身有一个很好的发展。如果团队不能给员工提供学习和培训的机会，不能帮助员工拓展和挖掘个人潜能，员工就会觉得在这样的团队中个人发展空间有限，转移阵地往往是他们最终的选择。所以，管理者万万不可忽视对员工的培训。

当然，还有很多团队管理者考虑成本问题，不愿意浪费精力和财力去培训员工。这种看法是错误的。

培训员工的方式多种多样，且随着实际情况的发展而变化。员工培训的整体内容是：通过各种教导或经验传授的方式，在技能、态度等多方面提升员工素质，以达到团队期望的目标。培养人才无疑是一项系统工程，要获得较好的效果，就必须坚持以下一些基本原则。

1. 保证培训活动的持续性

为了充分挖掘和利用员工的潜能，管理者不能把培养员工视为权宜之计。想要组织达到卓越，就必须保证培训活动的持续性。只有持续不断地给每位成员"充电"，才能让团队的能量一直维持在饱满状态。

2. 培养员工要有针对性

培养员工一个最重要的目标是激励每个员工的成长和发展。但是，不同的员工所具备的知识、能力不一样，他们未来的成长和发展方向也不同，也就是说，每个人需要增长的知识和技能，以及适合的培养方式并不完全相同。有针对性地培养员工，除了一般性的指导和训练外，给员工布置具有挑战性的任务以及提出建设性的意见，不仅有助于员工的发展，也能满足他们渴望发展的需求。

3. 做下属的好导师

管理者做下属的导师，主要目的是促进员工在职业生涯中取得进一步的成功。做导师和做职业辅导不同，导师需要源源不断地就组织的目标与经营理念为员工提供信息，引导员工如何在组织内发挥作用。此外，在员工遇到个人危机时，管理者还要充当其知己。团队管理者如果能够衷心地培养人才，相信，人才成长以后一定能够回报团队。

第二节 掌握培训方法

好选手不一定是好教练

在体育界，我们常常会看到这样一种现象，不少优秀的教练之前都曾是体坛名将，在众多赛场上都留下过辉煌的足迹。优秀教练首先应是一名出色的选手，只有具备专业素养才能给下属具有专业水平的培训和辅导，快速提升下属的相关技能。

但好选手不一定是好教练。2017年5月5日德国网球名宿鲍里斯·贝克尔在"中国网球教育发展论坛"上，在谈到明星选手能否转型为教练时说："好球员未必就是好教练。"

贝克尔讲述了自己从4岁开始练球的经历，并以此告诉后辈们如何训练。贝克尔认为，每名选手都应该有一个好的团队或者教练。贝克尔说："一个人是难以取得成功的，还需要身后有一个团队来协助，给予足够的支持，这是一个长期的过程，所以要保持耐心。"在贝克尔看来，球员和教练之间必须互相信任，教练在两者的合作中更应该主动维系关系，而不是对球员施压。贝克尔表示，一个好的教练可以球打得不是特别好，但是一定要有清晰的头脑，在培养选手在网球事业上进步的同时，还必须兼顾到选手的情绪和心理，只有把选手的心理素质也训练到最好，才是真正的好教练。

管理者作为团队的教练，应该做到：

（1）确保为做出有效的决定，团队采取了所有必要的措施。在团队变得更加成熟之后，就要越来越少地插手这类事情。

（2）运用提问，而不是陈述，来帮助团队成员分析、思考问题。

（3）绝不对团队或是其中的任何成员指手画脚，除非确知自己拥有团队其他成员尚不具备的知识、信息或专长。这时，要设法帮助团队成员提升自己的能力。

（4）看着团队日益成长，更多地实现自我管理。

📖 麦当劳的培训经验值得借鉴

麦当劳是如何把一个毫不起眼的毕业生培养成优秀的管理者的？在麦当劳里取得成功的人，都有一个共同的特点：即一切从零开始，脚踏实地。炸土豆条、做汉堡包是每个麦当劳员工走向成功的必由之路。脚踏实地从最基础的工作做起，是在这个行业中成功的必要条件。在这里，从收款到炸土豆条直至制作各式冰淇淋，每个岗位上都有可能出经理。

这是如何做到的呢？原来，麦当劳公司实行一种快速晋升的制度：一个刚参加工作的年轻人，如果工作出色，可以在 18 个月内成为餐厅经理，可以在 24 个月内当上监督管理员。

这个制度可以有效地避免滥竽充数的现象发生，每个级别都有经常性的培训，相关人员只有积累了一定的知识和经验，才能顺利通过阶段考试。公平的竞争和优越的机会，成为麦当劳吸引人才的法宝，每年有大量优秀的大学毕业生来此，施展自己的抱负。

一个新进员工要当 4~6 个月的实习助理。在此期间，他们以一个普通团队成员的身份投入到公司各个基层工作岗位，如炸土豆条、收款、烤牛排等。

在这些一线工作岗位上，实习助理应当学会保持清洁和最佳服务的方法，并依靠最直接的实践来积累管理的经验，为日后的管理做准备。

第二个工作岗位则是二级助理。他们在每天规定的一段时间内负责餐厅工作。比起实习助理，他们要承担一部分管理工作，如订货、计划、排班、统计等。他们要在一个小范围内展示他们的管理才能，并在日常实践中摸索经验。

在进入麦当劳 8~14 个月后，经过前面两个阶段训练的员工将成为一级助理，即经理的左膀右臂。与此同时，他们肩负了更多的责任，每个人都要在餐厅中负责一项工作，他们的管理才能得到了很大的锻炼。这时，离他们的梦想——晋升为经理，已为时不远了。有些人在首次炸土豆条之后不到 18 个月就实现了自己的梦想。

在达到这梦寐以求的阶段前，他们还要去芝加哥汉堡包大学进修 15天，这是他们盼望已久的机会，也是实现目标的最后一跃。芝加哥汉堡包大学是一所名副其实的大学，也是麦当劳的国际培训中心。它接待来自全世界的团队和餐厅经理，既教授管理一家餐馆所必需的各方面的理论知识，也教授实践经验。

应该承认的是，这个制度不仅有助于工作人员管理水平的提高，而且也利于麦当劳公司在全世界范围，吸引了大量有才华的年轻人加盟公司。

此外，麦当劳公司的一项重要规则强调，如果事先未培养出自己的接班人，那么无论谁都不能提级晋升。这是一项真正实用的原则，麦当劳公司因此而成为一个发现人才、培养人才的大课堂。

成功和有效的员工培训和培养计划，提高了团队成员素质，满足了员工自我实现的需要，增加了团队凝聚力。

全面学习，提升团队竞争力

团队成功的方式有多种，一个能执着追求、不懈学习的团队无疑会为持续、稳步的成功打下坚实的基础。

全面品质学习是员工的"第六项修炼"，需要思维方式的改变。传统上，团队总是先确立一个长期的目标，一般是由行政总裁提倡并确定下来，然后由高级管理层拟定使命说明，来进一步将这个长期目标具体化。团队管理者随后将这个目标传达给员工。这一切看起来很顺理成章，但事实上，效果并不好，当这个目标沿着命令链层层向下传达时，它往往会渐渐"退化"甚至"扭曲"。

理想的方法是要先行动起来，行动成功之后，人们的行为自然就会随之改变。

日本的"5-S法"是引发行动的好工具，由五个日本词语组合而成，就是结构化、系统化、净化、标准化和自律化。举例来说，如果你想将一个工厂或者部门提升到世界一流水平，你可以通过5-S法达到这一目标。5-S是以行动为导向的，并且确实需要组织中每个人都努力。

大部分团队都非常欢迎组织学习这种理论，但也有人认为，这种理论在实践方面会变得越来越迟缓。人总是过分拘泥于日常工作，尤其是在经济不景气时人们感觉生存才是最重要的，会将学习撤在一边。人们总以为学习不是一件紧迫的事。不过仍然有一些组织在不断学习，而且是迅速学习。

如今，团队变革的节奏越来越快，这就意味着，团队要把握机遇或是摆脱其他快速学习型团队的竞争威胁，就必须以更快的速度学习。如果意识不到团队学习的必要性和紧迫性，团队必将眼睁睁地看着自己落后于人；而那些起而从之者必将成为竞争的胜出者。

在促进团队学习过程中，管理者最重要的任务就是以身作则。在关键时刻或是面临关键任务时，你必须树立榜样，表现出绝不动摇的坚定意志来。

学习需要树立一个良好的榜样。你一定要让每个员工看到，他们的上级每天在不断学习新的东西，如此一来，其他员工迟早会效仿。现在，你的任务已不再是发号施令，而是展现出学习的能力，给员工做一个榜样。

要使学习确实有效，个人培训与团队学习就要互为补充。在团队成员之间共享经验有助于团队成员的成长。学习过程的规划必须先是自上而下的，然后才是自下而上地让每个员工都参与进来。

📖 体验式培训值得你试一试

体验式培训是别具一格的管理培训课程，能够培养参加者的创造力，并挑战他们的忍耐极限。如果你觉得在水中游泳或玩大块拼图游戏是一种奇特的管理培训方式，那你显然是少见多怪了，至少是你没参加过体验式培训。

体验式培训一般由专门的培训机构实施。有一家体验式学习公司专门培训员工"跳出框外思考"的能力。该公司不会在平淡无奇的酒店空调会议室举办讲座，既不使用投影仪，也没有生动的电脑图表。他们采取的是体验式培训，让员工在培训中展现其真实的行为。许多参加者都是非常精干的年轻人，但他们缺乏交际技巧、主动性及创造性，这些是他们所受教育没有提供的。培训时采取辅助技巧，协助参加者分析、讨论他们在活动中的行为，并带回到他们的工作中去看。

一般每个培训小组由自管理层往下的多名成员混合而成，每个人的穿着都很随意，乍一看没人能知道谁是上司。

另外一个重要条件是培训地点应远离工作场所，培训过程中没有电话搅扰，使参训者能够专心致志。

通常情况下，体验式培训课程是团队大培训项目的重要部分。虽然培训的这些管理技巧源自西方，但这类培训在很多国家和地区都是适用而且受欢迎的。

体验式培训形式，在促进员工交流合作方面成绩斐然，建议团队管理者在管理中多引入这种培训方式。

第三节　把下属锤炼成精兵强将

挖掘员工的潜能

挖掘员工的潜能和创造力，无论是对于团队发展还是员工个人发展都极其重要。对于团队来说，挖掘员工的潜能和创造力就是充实团队内部的实力，对于员工来说，能被管理者挖掘出自己的潜能无疑是对自身价值的一种提升。

作为团队管理者，不仅要对团队的发展负责，还需要对员工的发展负责。所以，一个管理者做到挖掘员工的潜能和创造力这一点很重要，甚至可以说，能否挖掘员工的潜能和创造力是评判一个管理者是否优秀的标准之一。

那些优秀的管理者并不是一开始就手下"良将如云"，而是他们能慧眼识人，能发现那些被尘土包裹的"金子"。他们通过各种培养、管理，让所有的金子都发光，从而让自己的团队强大起来，为团队带来良好的效益。

挖掘人才是每个管理者应该为团队尽的责任。那么，管理者究竟如何挖掘员工的潜力呢？以下方法值得参考。

（1）管理者要清晰地认知团队的愿景和使命，并尽力使全体员工都认同并响应这个愿景。只有给员工一个目标，员工工作起来才有干劲。

（2）管理者需要帮助员工找到在这个团队愿景中员工个人发展的前景，让员工的个人发展与团队发展的轨迹相一致，员工最佳的发展前景应该是与他的兴趣以及能力相关的。

（3）管理者要优化团队的工作流程，取消无效活动、减少低效活动、大量增加高效活动，工作没有内耗，员工的活力就会源源不断地释放出来，当员工高效地完成工作时，会产生一种成就感，这种成就感让他们有更多的欲望去征服工作中遇到的各种困难。

（4）管理者需清晰界定所有岗位的工作标准，让每一个员工都知道自己该做什么和怎么做，有了标准就有了目标。员工有了目标，就会努力达到目标，为达到甚至超越目标，员工就会努力提高自己。

（5）管理者要为员工建立公正、公平、公开的绩效考核机制，让每个人知道自己付出的价值所在和能得到的回报，让成就感和与付出对等的报酬激励员工前进。员工进步，团队才能进步。

（6）建设与公司管理体系配套的团队文化。把前面所做的努力整合为一个系统，把积极健康的主张贯彻给每个人，使全体员工为公司和团队的发展同心协力，这样，就能奠定团队持续稳定发展的根基。

要善于激发员工的创造力

在竞争高度激烈的今天，团队不创新就会死，所以"创造力"受到前所未有的高度重视，能激发团队创造力并且使其得到淋漓尽致发挥的管理者更受瞩目。可以说，如今的管理真谛就是如何激发出员工的创造力并为团队目标服务。

那么，这些管理者如何培养员工的创造力呢？最关键的一点就是需做到随时倾听他们所表达的新观点。

创新的东西，刚出来时有可能会让人觉得难以接受，但作为团队管理者，必须要有一颗博大的心，一双看向远方的眼睛，当员工表达新观念时，要注意保护他们的积极性，更不可随便下"这不行"的结论，而要审慎地与员工进一步讨论、沟通，全方位了解这个创新的价值所在。

那么，作为一个优秀的管理者，必须为团队挖掘更多的创新性人才。为了更好地激发员工的创造力，管理者应该做到以下几点。

1. 鼓励下属大胆地表达新想法

当下属提出意见和想法时，作为管理者切不可敷衍了事，一定要认真地分析，并尽快做出反应，让下属知道你很重视他们的想法。当你肯定下属的想法之后，还要从实际行动中证明你对此的重视，比如在下属实施其想法时，你可以主动询问一下进度，有没有什么困难或者瓶颈，从精神和资金多方面给予帮助。

2. 给下属一个创新的空间

如果你手下有一群"古灵精怪"的员工，他们常常会提出一些让人意想不到的想法，不管这些想法是否有用，你需要感谢这些员工，因为他们把爱动脑筋的风气带到了团队中，这常常会在团队中引发头脑风暴，让团队创意不断、活力四射。

有时候，下属的创造力被一些客观的因素所束缚，作为管理者就需要为下属提供一个能尽情发挥的舞台。不要处处对下属的工作指手画脚，而是给他们一个方向，任由他们创造性地完成任务；也不要出现点小问题就严厉批评，要给员工更多机会，让他们自己去解决问题和提升能力；对于员工创新的失败，要禁止其他员工挖苦、讽刺，要给予创新员工以应有的鼓励和保护；还要在人力、物力方面给予创新型员工应有的支持。给下属一个创新的空间，才能形成创新的氛围，使团队保持很好的创造力。

3. 鼓励下属的幻想

管理者想要培养更多的创新型员工，就非常有必要给实施创新的人奖励，让大家感受到创新被重视，这个奖励可以是金钱、物质等，最好不要仅仅是口头表扬。通过奖励创新者，会引发其他员工的创新欲望，从而为团队源源不断地传送新能量。

作为个体而言，每个人都需要寻找适合自己发展的职业方向，每个人都有实现自我价值的需要，如果管理者能够帮助员工挖掘其能力，实现其价值，员工一定会深深记住你的知遇之恩。对于团队来说，创新性人才更是团队的宝贵财富。

第十一章

驭人

——巧妙应对员工，树立个人权威

第一节　了解员工需要，增强员工的归属感

了解员工的真实需求

在如今这个人才流动性非常快的时代，管理者要培养一群对企业忠心耿耿的员工实属不易。作为管理者你有没有想过，这些来自五湖四海、性格各异的人聚集在你的周围，听你指挥，是为了什么？在团队追求和实现目标时，有没有认真想过员工的追求和目标是什么？

> 一个管理者贵在清楚员工的需要，而且知道如何满足员工的合理需要

心理学家发现，人们在做出某种行为之前，总会出于本能地询问自己能从中获得什么。也就是说，人们做任何事都是在为满足自己的需求服务，他们为团队工作也是抱有目的性的。如果员工的需求得到了满足，他们就会对团队产生归属感，忠诚度也会大大提升。员工的需求若能够从团队中得到满足，那么员工就会成为团队有机组成的一分子，对团队产生一种无法割舍的感情，这会使他们心甘情愿地为团队付出所有的精力。

一个员工的需要有很多，但共性的需要却是类似的。

1. 要有稳定、较好的收入

金钱虽说不是人们工作的唯一目的，但一定是重要的目的。那么人们通常怎样衡量薪金的高低呢？无外乎这几点，首先，同自己过去的收入比较，比自己过去的收入高就是好，没过去的高心理上就会产生不满；其次，同自己的朋友、亲戚、家人等社交圈子里的人比较，自己的薪资在社交圈中处于中上层会感觉良好，处于中下层就会感觉不好；最后，与同行业、同岗位的人比较，比较的结果是中上水平就会舒服，处于中下水平就

会难受。

由此看来，员工对薪资待遇的要求并不是没有界限的。人们大多知道自己的能力，也不会怀揣着用赚 100 元钱的能力梦想着拿 10000 元的工资，只要他们的能力和能在同类人中处于相对优势的阶层，他们就会感觉很好。因此，团队了解员工对薪资的要求后，尽量达到中上水平就能满足员工的比较心理。

2. 要有一个能够展现自己能力的舞台

每个人都需要有一个属于自己的舞台来演绎自己的人生。这个舞台要足够宽广，能够把他的知识用得淋漓尽致，能够让他尽情地发光、发热。当员工拥有这样一个舞台之后，就会获得一种成就感，这种对自我、对人生的肯定感是每个人都需要的。

另外，每个人都想得到组织成员的尊重，而想要得到尊重就要有过硬的本领。这些本领体现为组织所需和承认的知识、解决工作中实际问题的能力以及组织发展所需要的智慧。当一个员工拥有了一个展现自己能力的舞台，并使自己的能力得到了众人的认可，这种被认同感会将他与组织、团队紧紧地团结在一起。

3. 要有一个发展成长的空间

每个人都希望明天的自己比今天的自己更好，所以，员工在需要一个能够将自己的能力和知识发挥出来的舞台的同时，还需要一个能够学到更多新知识、提高能力、激发自己潜能的一个发展空间。只有让员工感受到自己每天都在成长，员工才会有安全感。因此，如果一个团队纯粹只是一个机械性的工作场所，而不是一个学习型的组织，是留不住人才的。

许多团队在发展到一定规模后，不少骨干员工就纷纷跳槽，或自立门户，很重要的原因就是团队不能满足这些员工成长的需要了。因此，团队要想留住人才，就要创造一个足够远大的发展空间，让员工有足够的空间驰骋，而管理者需要做的就是为每一个员工的职业生涯做出规划，让每一个员工都能看见自己的成长方向和发展空间。

4. 要有一个良好的工作环境

随着社会的发展，人们的要求越来越高，吸引员工效忠于团队的不仅仅是薪资和发展空间，与此同时，还有良好的工作环境。这里的工作环境包括人文环境和自然环境。

人文环境是指员工所处的环境是稳定、和谐、健康的，如果团队内尔虞我诈、风气不正，这会让员工没有安全感，在这样的团队中，即使工资再高，员工心里也不会舒坦。当然，这样的团队也没有前途可言，很难留住人才。

自然环境首先是指公司的地理位置好，所以要尽可能把公司设置在交通比较方便的位置。其次是指办公场所的室内环境好。每个人都想在一个干净、温馨、舒适的环境中工作。如果办公室设计有问题，甚至没有设计可言，就会在很大程度上影响员工工作时的情绪，糟糕的环境会让人感到心烦意乱，从而失去工作热情。

不同的下属对于这些需求的侧重点不同。作为团队的管理者应该找到每个人的需求，并尽量满足其合理的需求。满足员工的需求，是员工高效工作的前提。

5. 让员工感到温暖

要想更好地调动员工的工作积极性，让自己的管理更有成效，管理者就必须了解员工的行为动机和真正需求。当知道了员工的真实需求，就可以理解他们的行为，然后激发他们对工作的热情。"雪中送炭"之所以能让人心存感激，理由很简单，因为送出去的"炭"恰是"雪中人"急切需要的。

那么，管理者该如何做，才能正确了解和把握员工的真正需求呢？

（1）仔细留意员工状态和情绪的变化。

一个员工希望得到什么会通过言谈举止表现出来，管理者只要仔细留意员工的精神状态和情绪的变化，就可以大致了解他们的需求。

（2）要多与员工沟通交流。

只有经常与员工互动，真诚地交流，才能与他们建立一条互相信任的沟通渠道，通过这条渠道，管理者就可以准确地掌握员工的需求。

（3）不要忽视员工的心理需求。

需要提醒的是，在了解员工的实际需求、帮助他们解决问题时，管理者还要注意这样一个问题：不要忽视员工的心理需求。按照马斯洛的需求结构理论，人除了生理需求外，更重要的是心理需求。因为生理需求比较容易被发现和满足，心理需求则更容易被人们忽视。

在众多的需求中，员工是很注重心理需求的满足，他们渴望被管理者尊重、信任、肯定。因此，在满足了员工最基本的物质需求后，作为管理者应该用心了解员工的心理需求，并采取相应的方法，满足员工的这种心理需求。管理者一旦做到这一点，就可以让员工以更加饱满的热情投入到工作中，为团队建设作出更大的贡献。

尊重是一剂很好的激励良药

总会听到一些团队管理者这样抱怨：现在的员工越来越难管理了，没有钱大家没干劲，有钱也不见得就能提高工作效率。试问作为管理者，你对员工了解多少？你的员工需要什么？你为员工做了什么？

在现代团队管理中，激励员工仅靠金钱已经很难奏效了。经营之神松下幸之助曾经告诉他的高层管理者："要想很好地激励员工的积极性、责任感，那么你们就要拿出激励的武器——尊重。"尊重作为一种有效的零成本激励方式，在现代团队管理中具有非常重要的现实意义。

比尔·盖茨曾经说过："企业要走向以人为本的管理，第一步是学会尊重员工。"一个员工如果在团队不能得到应有的尊重，即使他有超凡的才能，也不会充分发挥这些才能来为团队效力。

由此看来，要想成为一个成功的管理者，首先要懂得尊重下属，而尊重下属就要尊重下属的人格、尊严、建议、要求等。尊重员工的人格和尊严是与员工和睦相处最基本的要求；而尊重员工的建议和意见，就是要员工自己做出承诺并努力实现承诺。

"尊重"二字说起来容易，做起来却有些难度。管理者要想真正尊重员工需要做到以下几点。

1. 肯定员工的成绩

在工作中，管理者对于员工的肯定应该多于批评，这样才能保持员工对工作的激情。肯定会让员工对自己有更多的期待，这更多的期待就会激励他更好地表现。美国的一位哲学家富兰克林说过："人总是向被肯定的方向求发展。"所以，管理者应该用建议和肯定指引员工向自己期待的方向发展。

2. 尊重下属的意见

很多管理者拒绝听取下属的意见，这种做法会使下属觉得你独断专权、不尊重人。下属综合能力比你弱或许是事实，但并非任何方面都不及你。也就是说，并非他的每个意见都不高明，有些意见或许有一定的作用，所以，管理者应该尊重下属的意见。专心倾听下属的意见，一方面可以通过这些意见了解下属在执行中会有什么样的心态和要求；另一方面，会让他们感受到管理者对自己的尊重和重视。因此，管理者千万不要简单地拒绝员工的建议，即使你觉得这个建议不可取，也不能打击员工的积极性，一定要将不合适的理由充分解释清楚，并且感谢他主动提出意见。

3. 让下属感觉到自己很重要

管理者千万不要让下属感觉他是被忽视的，而应该采取一些方式让员工感受到他存在的价值。你可以在他们圆满地完成任务时，很真诚地送上上一句："你很不错，我很欣赏你！"抑或是让他们帮你干一些小事，让他们感受到你需要他们。

📖 运用情感调动员工的积极性

积极性是人在处理人与事的活动中表现出来的积极自主解决问题的心理状态。积极性是一种能动的心理状态，这种能动的心理状态是在需要和动机的推动下，在目标的指引下产生的，与人的心理内部因素和外部因素相联系。积极性导致行为上的热情、主动和关心，消极性则导致行为上的冷漠、怠慢和涣散。

一名优秀的管理者只有充分调动起员工的积极性，才能最大限度发挥员工的潜力，为团队带来更好的效益。而调动员工积极性最有效的办法就是运用感情，因为人都是富有感情的，如果管理者能在感情上与员工建立沟通，就能激发他们更大的工作热情。

霍桑认为，员工的士气和积极性主要取决于员工与管理人员以及其他员工之间的关系，而非取决于工作条件等物理环境。这说明团队是有情绪、有需要的人的集合，管理者不仅要掌握具体的计划、指导、控制等技能，更应该具有激励下属的工作热情、了解下属的情感与需要的能力。

团队的集体情感分为两个层次：管理者与被管理者之间的情感协调及被管理者之间的情感协调。假设一下，如果团队中存在一位无法克制自己、不理会别人感受、动辄呵斥员工的管理者，他怎么能带领员工实现团队目标呢？一个充满嫉妒、猜疑、攻击与诽谤的工作环境会给整个团体的工作效益带来致命的损失。

以下是一些优秀管理者运用情感激发员工的动力的一些非常成功的经验，供大家参考。

（1）让员工参与管理。

要正确认识团队的发展与员工的关系，让员工充分认识到他们与团队是命运共同体，充分激发员工参与管理和工作的积极性。

（2）让员工参加管理成为团队文化。不要把让员工参加管理看成是一种简单的活动，或一种形式上的东西，而是发挥每个人的积极性、尊重每个人的个性，形成既有共性、又有特点的团队文化。

（3）员工参加管理需要结合实际，形式多样。如可以成立质量、效率、安全、设备、节能等管理小组。

📖 放下自己的"官架子"

中国人有很深的官本位意识，这使得很多团队管理者受之影响，认为自己多少是个"官"，自认为高人一等，不屑于与员工平等相处，喜欢摆"官架子"。

对于员工而言，团队管理者的位置本来就高高在上，有一定的距离感。如果管理者不注意自己的"架子"问题，总摆出一副高高在上、不可侵犯的姿态，势必会在自己与员工之间划出一条鸿沟。这道鸿沟会让员工感觉你离他们很远，从而不愿交流；会让员工觉得你装腔作势，不值得敬佩。

放下"官架子"是为了让员工的心靠近你，让你的心为员工打开，构建出和谐、温馨的团队文化，让员工与员工、管理者与下属、管理者与管理者之间心心相印。

总而言之，没有人喜欢总是黑着脸、拒人于千里之外的管理者。因此，管理者应该放下"官架子"，走近员工，与员工真诚交往，拉近与员工的距离。如果你把自己放在高不可攀的位置上，制造出一种神秘感，让员工仰首而视、敬而远之，上级与下级则如同油、水分离，这绝对不是好的管理模式。

在国外，很多大公司已经取消了经理、董事和其他高级管理者的专用洗手间、专用餐厅等。这些管理者在车间与工人们交谈，甚至和工人们一起跪在地上摆弄有故障的机器。公司经理、董事长等高层管理人员和工人穿着同样的工作服……总之，他们取消了自己的特权，放下了高高在上的指挥者的架子，以平等的姿态走近员工。他们在与员工们亲密相处、相互沟通与交流的过程中激发了员工的工作热情，打消了员工长期以来对下压式的管理者的逆反心理，使员工有了归属感、安全感、认同感，在轻松的环境和心情中，全身心地投入到工作中，发挥其最大的积极性和创造力。

其实，大家对自己的身份都非常清楚，只要各尽其职就很好，没必要过分标榜自己，放下"官架子"，员工会更喜欢你。

从细微之处关心下属

老子曾经说过："天下难事，必作于易；天下大事，必作于细。"他精辟地指出了想成就一番事业，必须从简单的事情做起，从细微之处入手。优秀的管理者更要懂得与员工建立感情，要从生活中的点滴小事做起，正所谓"细微之处见真情"。

管理者多在细小之处关怀员工，比如在员工生病时嘘寒问暖；为单身下属办一次周末聚餐；给刚恋爱的下属放一天的"恋爱假"，或者在情人节发放"恋爱津贴"；为年老的员工组织定期的体检……这些人性化的管理会在团队中形成一种温馨的气氛，在员工灰心、遭遇逆境时便可以得到精神上的慰藉、支持。团队管理者经常用"毛毛细雨"去灌溉员工的心灵，员工就会像禾苗一样生机勃勃，茁壮成长，最终结出丰硕的果实。

从细微之处关心员工，不能光说不练，那么，管理者该如何在具体行动中关心下属呢？

1. 关心员工的家庭和生活

员工家庭和睦、生活宽裕无疑是他静下心来干好工作的保障。如果下属家里出了事情，或者生活拮据，作为他的管理者对此视而不见，甚至埋怨下属家事多，那么就算平时对员工说多少赞美之词，员工也只会觉得你在惺惺作态。反之，如果你是真心实意地关心下属，可能你收获的是真情和忠诚。

人难免会遇到困难，你的下属也会遇见各种各样工作上的难题和生活中的烦恼。这个时候，作为管理者应该积极表现出你对员工的关心和爱护，帮他走出困境。这也许只是你的举手之劳，却能让他感受到莫大的帮助。

2. 记住下属的生日

现在工作节奏快，同事之间鲜有机会联络感情，生日便成了联络感情很好的一个由头。聪明的管理者就懂得充分利用员工生日这个重要的日子，使自己成为庆生活动中的一员，发点奖金、买个蛋糕、请吃一顿饭，甚至送一束花向下属表示祝福，或者干脆在下属生日当天给他放假一天，让他和家人、朋友度过轻松愉悦的一天。不管是什么样的方式，记住员工的生日都是提升团队凝聚力的好办法。

3. 下属生病住院，管理者要前去探望

人们在身体有恙时，心灵都是脆弱、感性的。如果一个普通的员工住院了，管理者能亲自去探望，说出诸如"你不在，很多工作都没头绪了。你要安心养病，尽快好起来，我们大家在等你。""平时你在的时候感觉不到你的工作量有多大，你走了才发现大家都手忙脚乱了。"这一类的话，就极容易让脆弱中的病人感到关怀和温暖。

有些团队管理者并不懂得在下属生病时加以关怀，这是因为他不懂下属的心理。其实，下属生病时，通常会渴望自己的管理者来看望自己，因为管理者来探望自己，就说明自己在公司有一定的地位；如果管理者不来，连慰问的话语都没有，对于病中的下属来说无疑是一种打击，他们会认为管理者根本不重视自己。

管理者可以从很多细微之处关心下属，就当下属是你心仪的女子，你为了追求她会摸清她所有的信息，比如出生年月日、进公司的日期、家庭

住址、家庭成员、学历、经历、兴趣爱好、性格等。当你真心关心一个人的时候，总会采用各种各样的方式去关心他，相信管理者对员工细致入微的关心一定能俘获员工的心。

对员工的付出表达感谢之情

在管理者与下属相处的过程中，下属最希望得到的就是管理者的信任与支持。如果管理者能够适当地表达一下对下属的感谢之情，那么下属就能感到上司对自己的信任与关怀，从而更加坚定地忠诚于管理者。

员工奋斗在岗位一线，当工作任务紧张时，还需要加班加点，努力赶工作任务。在这种情况下，员工在精神上一定是需要人安慰和理解的，若无人理解，工作积极性和工作效率会降低。这时候，如果管理者能够站出来，表达对他们的理解和感谢之情，那么就一定能得到他们热烈的欢迎，使他们在精神上受到鼓舞，更加积极地投入到工作中。

乌鹊反哺，天下归心。感恩是这个世界上最美妙的词，唯有懂得感恩，你才了解生活。

生活中，我们经常会得到别人的帮助，然而很多时候，很多人将别人给予的帮助当成了理所当然。其实，在这个世界上，没有任何人有责任对你给予帮助，没有人理所应当地对你好，别人对你好是一种恩泽。身为社会中的一员，员工除了渴望通过劳动挣钱过日子外，还渴望得到别人的尊重，获得生存的尊严。高明的管理者通常都很注重人性化的关怀，他们深刻了解员工的这种心理诉求，所以会在精神上对他们给予抚慰。

高明的管理者懂得感恩，因为他们明白，公司的业绩离不开员工的努力，离不开下属尽心尽力的付出，所以他们会对员工的辛勤付出表达自己的感谢之情。

作为管理者，在工作中一定要思考：怎样才能让员工服从自己的安排，他们有什么理由完全接受自己的管理？怎样才能让他们积极地投入工作，协助自己完成工作任务？那就是要适当表达对下属的感激之情，学会感恩，学会表达感谢。

让员工感觉团队就是家

有家的感觉，才能让心灵有所依托。如果团队像一个大家庭，员工就不会轻易离开。员工是团队这个大家庭中最重要的资产，管理者应该视员工为家人。

首先，管理者应该拥有取悦员工的心态。如果你拥有取悦员工的心态，自然会对员工始终如一地保持良好的礼貌习惯，会在员工遇到困难时向员工伸出援助之手。你可以对某位员工说："早点回家，我知道今天是你儿子的生日，我很乐意能帮你处理余下的工作。"你也可以对另外一名员工说："我知道你今天想去参加篮球比赛，我可以帮你处理这件事情，你先走吧！"

其次，管理者要与员工建立个性化的人际关系。管理者与员工在工作和生活中建立个性化的关系，与员工形成良好的默契，这是至关重要的。如果你不能与员工建立个性化的工作关系，就无法进行有效的沟通；而没有有效的沟通，团队将如同一潭死水。建立个性化的人际关系意味着你必须知道对员工来说最重要的事是什么，以及他们的感受如何，并找到一种独特的方式去关心他们。

最后，管理者要保持谦逊。一些妄自尊大、以自我为中心的管理者，常常容易忽视员工的本职工作，不停地要求员工干这、干那，却从来不对员工的辛勤工作表示认可。在这种严苛的管理下，对于员工来说，工作仅仅是工作，而不是一种事业，他们不可能对团队忠诚。谦逊意味着你不去抢本该属于员工的荣耀，而是站在员工的身后默默支持他们；谦逊意味着你不让自己成为团队瞩目的焦点，而是让员工在镜头前发光；谦逊意味着无论你职位有多高，都应该处处先为员工着想；谦逊意味着你有一种团结友爱的精神和一种先人后己的意识。

当管理者知道如何取悦员工、与员工建立个性化的人际关系并保持谦逊时，就会与员工成为相互依存的朋友，就会吸引更多优秀的员工加入你的团队。

第二节　因人而异，巧妙应对问题员工

> 员工秉性不同，其行为模式也不同。作为管理者，要根据员工秉性的差异，采取不同的应对办法。另外，员工的道德水平不同、综合素质不同，对待你的态度也会不同，管理者要能够根据不同类型的员工特点，灵活应对。唯有如此，才能顺利推进你的工作

对团队中的"刺头"，坚决折服

任何团队中都有些这样的人，他们个性鲜明、桀骜不驯、难以掌控，喜欢按照自己的方式行事，在自己的专业领域内出类拔萃，但往往不顾及团队的合作，这样的人常被称为"刺头"，最令管理者头痛。

这些恃才傲物的"刺头"，无视团队的共同努力，是分裂团队的主要因素。这些聪明的、抱持个人主义，但却不合群的"刺头"的存在，严重打击团队的互助合作精神，但是其优异的个人表现，常会成为他们逃避责任的护身符，甚至获得上一级管理者的欣赏，使直接管理者无可奈何。

如何应对团队中的"刺头"呢？

1. 以德服人，以才服人

这是对身为管理者的你个人能力的一个挑战，也是你树立威信的大好机会，在动用此招前，你可得掂量一下自己的分量，"够秤"才好应战。

以德服人，考验的是身为管理者的你的胸怀，好的管理者，不一定是身怀绝技的人，但成功的管理者，一定是心胸开阔的人，如果你不能容纳能力超过你的下属，不能肯定下属的成绩、尊重下属的劳动、宽容下属的无心之失、赞扬下属的过人之处，你是难以带出好团队的。

以才服人，在适当的时候露两手给他（她）瞧瞧，告诉他（她）你能够做到团队管理者，就因为你有那么几把刷子！

2. 令其坐"冷板凳"

利用团队的力量，让其成为团队中"不受欢迎的人"，让他（她）体味到在团队得不到支持与配合时的尴尬。

下次当他（她）再有所动作时，你可试着改变策略，视而不见，让别的员工诉说因他（她）的不合作造成的不便、困扰和麻烦。相信他（她）会因自己被团队孤立得不到协作而苦恼，终会有所触动，有所改变的。

记住：能力很强，但有缺点、有个性的员工是团队的宝贝，把对他们的冲突管理看成是对自己的考验，只要你能很好地处理这类员工与团队的关系，你的管理水平自然会上一个台阶。

3. 以其人之道还治其人之身

这必须建立在对此类员工充分了解的基础上。

（1）以狠治狠。

某员工工作勤勉，交给他（她）的工作不用跟催，都能完成得很好，就是对人态度恶劣，谁的账都不买，与之工作有联系的人都怕同他（她）打交道。可将其特意安排在一个以严厉著称的基层管理人员手下，并安排另一个态度粗暴的人与之搭档，利用员工之间的摩擦来使之遭受到与这类人打交道的不易，从而点醒他。

（2）以懒治懒。

有的员工技能很好，但就是爱偷懒。可将两个懒人编在一组，把他们绑在一起，规定各项硬性考核指标，让他们互相监督、互相跟催，完不成任务，两人都要受罚。不用你多操心，这两人一定会按时保质保量完成工作。

（3）以能制能。

你能是吧，总会有人比你更能，但不是每个能人都是"刺头"。因此，请一位更有能力的人来管他，"刺头"会的，他都会；"刺头"能的，他也能；"刺头"做不到的，比如更合作、更主动，他也能做到，那"刺头"还有什么话说？

上述这些办法，只要使用适宜，一般都能用其所长，克其所短，管理者轻松就可以化解一些冲突。

对夸夸其谈的员工，让其明白事实胜于雄辩

喜欢夸夸其谈的员工大都有理论、有辩才，如果你因为他们的一番侃侃而谈就许之以高位的话，那么你的团队就危险了。应对管理夸夸其谈型的员工，总的原则就是以事实说话。要知道事实永远胜于雄辩，实力只有在实践中才能得到证明，你一定要以事实来考验他们的能力。对于他们，如果有错误，你一定要义正词严地加以批评。否则，他们就会满不在乎。

夸夸其谈的员工有以下两个特点，管理者可以根据实际情况对症下药。

（1）爱说大话。

作为团队管理者，千万不要被他们的外表给迷惑了。也许初次与他们见面，会认为他们头脑灵活，经过一些事实的检验，你会发现他们只不过是纸上谈兵的人。

工作中并不需要只会说大话的人，需要的是踏踏实实办实事的人。作为团队管理者，你一定要以事实选人，不要因为他们的一番高谈阔论对他们做出高于其实力的评价，更不要因此把他们安排到重要的岗位上。很多事实都证明了，平日获得管理者高估的人，一旦遇到大事情，往往表现得出乎意料的无能。

如果你需要的是一个得力的下属，那么除了他的嘴巴之外，你更应该仔细考虑一下他的能力。

（2）眼高手低。

在商业社会中，公司经营需要有战略思考和整体规划，但更需要的是将种种构想付诸实施的执行能力。夸夸其谈者往往缺乏执行力，很难将上级的决策落到实处。

对夸夸其谈的员工，你一定要让他们明白这样的道理：很多东西实践起来远比凭空想象来得困难，对于任何人来说，无论未来如何发展，执行能力都是必备的。只有那些对寻常工作能够忠实加以执行的人，未来才可能走上重要的岗位。那些取得一定成就的人，无不是从简单的工作和低微的职位上一步一步走上来的，他们总能在一些细小的事情中找到个人成长的支点，不断调整自己的心态，用恒久的努力打破困境，走向卓越。

那些在公司肩负要职的人，正是因为忠实地履行日常工作职责，才得以担负重任。只有将手中的工作做得比别人更完美，才有可能取得非凡的成绩。

📖 对老资格者不妨恩威并施

有些下属因业绩好、功劳大、资格老，就在管理者面前盛气凌人、不可一世。这种现象在团队中很常见，对于此类员工该如何管理，使很多管理者伤透了脑筋。

对待这种下属，需要肯定他的业绩和功劳，适当地安抚和迁就，但不能一味姑息，否则他们会得意忘形，给团队和团队管理带来大麻烦。

一个管理者姑息下属的理由有很多，但是，如果一味助长下属嚣张的气焰，甚至让下属骑在自己的头上，那么你这个管理者就会显得形同虚设。

布兰佳和约翰逊在他们的畅销书《一分钟经理人》中建议管理者："要在错误发生后立即加以责备，你要明白地指出他们错在哪里，用坚定的口气告诉他们，你觉得他们错了。因为有时候，管理者不开口，下属根本不会认识到自己的错误；或者认识到了，可因管理者没说什么，他们就会放纵自己的错误。"

如果有人做错了事，管理者碍于面子，不做批评，不果断地处理，那么，你就失去了使过错者自悔其过的机会，他们甚至会抱有侥幸的心理，认为自己的错误并无大碍，这样一来，错误将会变得更多；而且管理者对一个人的姑息会引起连锁反应，大家都会效仿。长此以往，团队只会走向败落。因此，管理者一定要把握好迁就的度。

作为管理者，在其位，就应该谋其政。如果碍于各种缘由，一味姑息下属的错误，那么终将失去一个管理者的权威，从而失去驾驭团队的权威。因此，面对老资格的下属，不妨恩威并施，一方面要肯定他们对团队曾经作出的贡献，给予适当的照顾；另一方面也要让他们明白遵守规则的重要性，他要犯了错误也与大家一视同仁。

对工作情绪不稳定者，以安抚为主

工作情绪不稳定这种问题在员工中最为普遍。有员工素质的内因，也有管理不当的外因。工作情绪不稳定，员工自己会苦恼，管理者管理难度会增大，需要正确对待。

情绪不稳定型员工其工作情绪会忽冷忽热。"热"起来埋头苦干，废寝忘食，成绩也非常出色；但"冷"起来，又散漫松懈，毫无斗志。

有的情绪不稳定型员工视工作为磨难，在工作中感受不到乐趣。这类员工不会轻易丢开工作，因为工作是他们谋生的手段。但他们往往没有吃苦精神，没有挑战困难的勇气，而对享受垂涎三尺。

当然，情绪不稳定型员工也有优点。如性格开朗，惹人喜爱，并且重感情，善交际。

如何对待情绪不稳定型员工？

第一，应该让其情绪平静下来。既然员工表现出了情绪，说明员工在工作岗位或者其他方面遇到了困难和不满。作为管理者，当务之急是先让员工的情绪平静下来，管理者应以诚恳的态度和温和的语言表示对员工的关切，给员工心理上极大的安抚。

第二，耐心地聆听员工的诉说。当人情绪激动时，多数时候说话语无伦次，语言失去了连贯性，在这个时候，作为管理者，一定要耐住性子，仔细地聆听整个事情的始末，并及时记下自己的疑惑和不清楚的地方，待员工情绪恢复时再向其询问。

第三，锁定问题，不要由一个问题衍生出另外一个问题。将员工的问题限定在一定的范畴之内，不要东拉西扯地牵扯出与此问题毫无关联的其他问题来。避免节外生枝，一波未平一波又起。

第四，对于员工提出的问题应即刻拍板定夺。作为管理者，对于员工的问题，应迅速给出解决的方法，不可模棱两可，犹犹豫豫，找借口搪塞或者敷衍。

如果员工的问题在你的职权范围内，应给员工一个准话，先给员工吃一个定心丸，控制住员工的情绪。

情绪不稳定型员工并非无用之才，如能量体裁衣，给他们选择一种适合他们的岗位，挖掘他们的潜力，他们也能够做出成绩。

📖 对勤奋低效的员工，悉心指导

勤奋就是认认真真，不怕吃苦，踏踏实实，努力干好每件事情。然而，有一类员工，勤奋而低效。这类员工非常勤奋地工作，比谁都来得早，而下班时别人都走了，他们还在埋头工作，丝毫不敢怠慢，但检查起他们的工作效率时，却令人吃惊——效率极低。

1. 勤奋而低效率型员工的优点

勤奋而低效率的员工，往往非常热爱自己的工作，视工作为生命。他们不管工作成绩如何，本身很享受工作过程。

这类人一般不爱搬弄是非，也不爱出风头，他们总是一心一意埋头自己的工作，对于工作以外的其他事情绝不多问，在他们心中，把工作做好便是至高无上的目标。

2. 应对勤奋低效型员工的技巧

一看到工作能力很差的员工，有些管理者就想到淘汰、解雇他们。其实，这往往不是上策，因为工作能力差只是一种表象，应当根据其原因区别对待。

（1）要教会他们操作技术要领。

具体方法是：

A	• 讲给他听：让其听懂工作原理、要点
B	• 做给他看：示范操作
C	• 让他试做：指导其动手操作
D	• 帮他确认：检查试做结果，给予矫正
E	• 给他表扬：适时给予鼓励一下

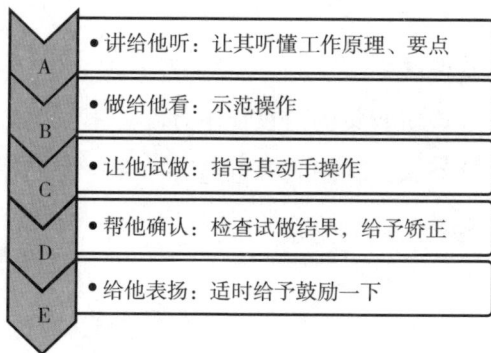

（2）分清情况区别对待。

对于低效员工，要帮助他们分析低效的原因，并教导他们有意识地去改变自己，提升工作效率。

①对于虽然表现差劲但却好学而上进的人，要提供足够的培训机会给

他们，争取尽快提高他们的工作水平。

②对于既表现差劲，又吊儿郎当不努力的人，要用制度严加管理。

③对于那些低效而又自命不凡的人，则要坚决扫地出门。

④对于实在没办法提高而又老老实实做事的员工，给他们安排繁琐但又不是特别关键的工作。

对爱打"小报告"者，可善加利用

爱打"小报告"的员工并不多，但一个团队中难免会碰到那么一两个。通常这种员工很让团队其他成员鄙视。

对待这类员工管理者要谨慎，有时候，员工的"小报告"能够提供很多管理者没法掌握的信息；但员工的"小报告"有时也会造成整个团队人际关系的紧张。对于爱打别人"小报告"的员工，有以下三种管理方式供借鉴。

1. 给予冷处理

对这种员工的处理原则是以冷处理为主，即以不冷不热的态度对待他们，让他（她）最终明白你不喜欢打"小报告"的人，促使其逐渐改掉这种爱打"小报告"的毛病。

2. 主动申明不欢迎这类人

管理者要慎重处理所收集的信息，千万注意不能偏听偏信，要在团队内部严正申明讨厌这类人，在团队内创造融洽和谐的工作气氛，减少员工们彼此之间的矛盾与摩擦。

3. 善加利用

管理者可以适当地利用这种员工喜欢传播消息的特点。他（她）不是喜欢传播小道消息吗？你就干脆以小道消息的方式让他（她）帮你传播一些"正道"信息，一则满足他（她）的嗜好，二则为正式方案的出台做一下准备。

📖 如何对待自以为是的员工

在每一个团队中都会有个别自以为是、比较难管的员工，在他们身上，有以下共同特点：

（1）首先他们都有一定的工作能力和经验，有一定的工作资历，在团队中的成绩不是最好的，但也绝不是最差的。

（2）这些人在小范围内具有一定的号召力和影响力，有一定的群众基础，恃才自傲。

（3）经常和上司公开顶嘴，反对一些新的计划和制度，甚至散布一些消极思想和言论，起到极为不好的负面影响作用，但绝不是有意识的，而是性格使然。

（4）爱表现自己，自由散漫，眼高手低，不拘小节，讲义气，认人不认制度。

1. 自以为是型员工产生的原因

团队中出现这样的员工，产生的原因有以下几点：

（1）前任或前几任管理者一再迁就，任其骄横，养成了自以为是的毛病。

（2）公司越级管理现象严重，高层管理者对其有重用之意，让其像有了"尚方宝剑"一样，目空一切。

（3）团队氛围不佳，钩心斗角现象严重，派系复杂，管理不公，处于"人治"而非"法制"阶段。

（4）曾经当过"领导"，现在"下野"了，但却不能客观认识到自己的不足，心中不服，认为升职无望，不求上进，破罐子破摔。

2. 对自以为是型员工的应对技巧

作为管理者，尤其是新上任管理者，如果你遇到这样的员工，就像一个烫手的山芋，扔了可惜，也可能会影响到大家的积极性；可不扔吧，他又经常让你难堪，影响你工作的开展。怎么办呢？

（1）正确认识这类员工。

一个团队，一个集体，不能一潭死水，不能没有一点不同的声音出现，这种声音，既要有正面的，也应该有反对的。正面的支持声音可以激励大家的积极性，提高士气；反对的声音可以让管理者适度的冷静，避免极端个人主义思想。但绝不能让自以为是的员工肆无忌惮，若你对他一点办法都没有，那么你的威信就会受到影响，工作业绩也会大打折扣。适当的时候必须要给他们念一念"紧箍咒"，然后慢慢引导、交心，在经过一段时间的"较量"之后，都能被顺利引入正途，并和睦相处。这类员工，只要你留足了面子给他，让他心服于你，才能为你所用。

（2）冷落处理法。

在一定的时间范围内（小团队可能5~10天，大团队可能会久点，但不要超过1个月），尤其是在所有成员都忙得不亦乐乎的情况下，对其不闻不问，也不分派任何工作给他，让他自己去冷静、思过。直到他实在忍不住找你来的时候，主动权就掌握在你的手中了，用换位思考的方法和其沟通，让其认识到自己的不足，主动配合工作。

（3）批评打压法。

从团队中找一个平时不受大家关注，但一直默默无闻、踏实努力工作的员工，私下帮助其出成绩，在公开场合多次表彰其态度上的闪光点，同时不指名道姓地批评自以为是者的行为和做法，这样做既给自己找到一个（群）支持者，也让大家看到你的公平、公正。然后静观其变，在其有积极改进的表现时，及时表扬，慢慢让其归顺你的管理。

（4）交换承诺法。

自以为是型员工，一般对于认可他的人都很好，只要你有机会和其成为朋友，那么他对你的工作就会极力支持。这个方法一般要经过2~3步来完，第1步先取得其对你的好感，如在其有困难的时候，主动、无私给予帮助；第2步再找机进一步加深了解，增进感情，但适可而止，不可让其对你摸得太透；第3步可以主动约其谈心、谈工作，坦陈愿意协助其成长，前提是他一定要放下一些偏见，努力支持工作。在谈的过程中，先要表扬其优点和长处，然后痛陈其缺点和不足，再提出解决办法，最后鼓励，这也是常用的"三明治"法。

通过以上做法，相信一定可以收到比较好的效果。当然，如果还没有见效，就只有"忍痛割爱"了。总之，这类员工还是有一定能力的，是可以为团队创造效益和价值的，而不是一无是处，管理要善用人之所长。

📖 对原同事的刁难，要区别对待

当你成为管理者后，当初在一起共患难的同事，如今与你变成了上下级关系，这种关系非常微妙。

通常来说，旧同事的刁难，主要是嫉妒心理作祟的缘故，并无实质性的利益冲突，一般的表现为不搭理、不配合、不理睬。这时候如何改善关系完全取决于你的心态和处事方式，处理得好，你的前路将越来越宽；反之，你将越来越举步维艰。

对于这种刁难，最好的方法是回避，回避不是置之不理，回避是指不正面冲突，而是从侧面去消解，因为有很多双眼睛在密切注视着事态的发展。

1. 应对昔日竞争对手的技巧

出现这种现象时，管理者需要有三种心理准备：自信、大度和区别对待。

对于昔日的竞争对手，最要紧的让他感觉到挣回了"面子"。因此，切记宜软不宜硬，对他的敌意和怠慢不以为意，反而以更加谦虚的态度、尊敬的语气，向他委派任务、下达指令，临了说一句"这种问题，你是最拿手的了，全靠你了"，效果一定不会差。让他感觉到你的真诚，是对他失意心情的最大安慰了。退一万步讲，万一他不领情，你也赢尽了印象分。

最忌讳的就是以硬制硬，逞一时意气之争。认为自己现在作为一个上司尊严是多么重要，"还以为我是从前的我，不给他点厉害看看，都不知道自己姓什么"，然后用手中的权力去处罚他。这样做也许你一时赢了一口气，但你可能输掉了其他人的支持和同情，更有甚者，如果上司不支持你的做法，那么你连下的台阶也找不着了。

2. 应对昔日好友的技巧

升任管理者后，终会有一天必须以工作关系和昔日的好友相对，这其中又难免有摩擦与刁难。

昔日好友为何会故意刁难你呢？除了嫉妒心理之外，还有就是有人为回避沾你的光的嫌疑，从而有意地拉开距离，反应激烈的就会以"故意刁难"来表明立场，与你"划清界限"。

对待因嫉妒而故意刁难你的，用理解和包容让他慢慢熄灭"妒火"。对待刻意与你保持距离的，你只要记住不偏不倚，就事论事，不对他格外施惠就行，刁难自然就没有了。

第三节　加强监管，打造团队执行力

执行力决定团队能否成功

"千里之行，始于足下"。无论多么美好的愿望和周密细致的组织计划，归根到底都要落实到行动上。没有执行力就没有一切，执行对于团队来讲至关重要。执行力是团队精神的核心灵魂，是团队战略、规划转化为成果、效益的关键，执行力也是团队竞争力的重要一环。一个团队的执行力如何，将决定团队的兴衰。因此，要打造优秀的团队，首先就要培养团队的执行力。一个高效能的团队一定是一个执行力强的团队。如果一个团队的执行力差，不仅会消耗团队的大量人力、财力、物力，还会使团队错过大好机会，影响团队的战略规划和发展。比尔·盖茨称："在未来的10年内，我们所面临的挑战就是执行力。"那么，什么是团队的执行力呢？

> 团队执行力就是对上级下达的指令或要求，能迅速做出反应，并贯彻或执行到实际工作中去的能力

对于团队执行力的定义，通用公司前任总裁杰克·韦尔奇先生认为：所谓的团队执行力，就是"企业奖惩制度的严格实施"。由此可见，执行力要求每个成员对团队下达的命令都要迅速做出反应，深入实践，这样才能保障团队工作的畅通无阻。

杰克·韦尔奇说："没有执行力，哪有竞争力。"管理大师彼得·德

鲁克说："管理是一种实践，其本质不在于知，而在于行。"一个团队如果没有执行力，那么它就像是海市蜃楼，永远不可能具备竞争力，更不可能实现团队的成功与辉煌。强有力的执行才是团队成功的关键。

在我国，执行力方面存在的主要问题是：在执行一项措施的时候往往是上级在考虑员工想得对不对，员工在考虑上级怎么想，这样就会使命令在执行的过程中因为主观因素的误导而出现偏差。例如，管理者按照公司规定给一个员工安排生产塑料杯的任务，管理者在安排人的时候会想：哪个员工更适合做呢？哪个员工能做得好呢？员工也同样会考虑管理者的想法，他会想：怎样做才会被管理者夸奖呢？管理者喜欢什么颜色的杯子呢？等等。其实制作塑料杯本就是员工的职责，每个制造塑料杯的员工都应该完成任务，如果完不成就应该按规定去处罚。所以，管理者根本不用考虑哪个人能做得好，只要员工按照公司的要求完成就可以了，而员工也不必去试图了解管理者的喜好，因为这不是在给管理者做塑料杯，而是在给客户做。总之，把工作更多地流程化就会避免管理者和员工因为主观思维不同而导致工作失误。每个职务已经设定了该做的事情，管理者下达了命令，员工按照公司规定执行就可以了，这样就会减少很多麻烦。

缺乏执行力的原因

很多团队无论是在战略上还是在目标设定上都很好，但团队效益不好，问题很可能就出在执行力上，一个团队缺乏执行力可能有以下几方面原因：

1. 执行结构过于冗繁

执行一项命令，要等着直接领导批，然后再等更上层的管理者批示，然后在董事会讨论，之后才能执行这项命令，而执行的时候每个环节还要相互协调。这样下来，一项命令就可能错过了它执行的大好时机，所以，执行流程太冗繁，不利于团队贯彻执行。

2. 下属执行的态度不端正

如下属常常推卸自己的责任，把本该自己承担的责任推卸到他人身上。这样就会使员工之间出现矛盾，给团队制造不稳定因素。同时这样的人就像是团队中的一颗不定时炸弹，因为他没有责任心，做事情就不会认真，敷衍塞责，出现问题他就溜之大吉，可能给团队带来巨大的损失。还有一些人不努力工作，但总喜欢把功劳往自己身上揽，这也会给团队造成很大危害。

3. 没有明确的奋斗目标

目标是员工们前进的一大动力，如果团队连未来的发展目标都不明确，那么，就会使员工缺乏工作的动力。

4. 只重制度，忽视文化

条条框框的制度即使再完善，如果员工内心没有实行的动力，执行起来也是敷衍了事，不会有热情做到精益求精。而如果团队建立起一种员工你追我赶，谁都不甘落后的团队文化，员工会主动尽职尽责，并且精益求精。

5. 缺乏对员工培训

每一个新员工在刚刚上岗时，都要有一个适应的过程，需要团队进行适当的培训，帮助员工尽快掌握工作的要求和技能。但是一些团队为了降低成本，根本没有给员工培训的机会，新员工因为对工作不熟练，执行力就会大打折扣。

6. 只重指令，不懂沟通

作为管理者只知道下达命令却不懂得和员工沟通，员工如果不理解公司的政策和管理者的意图，他就很难执行到位。如果他们理解出错，那么，做事情可能会出问题，这样就会给团队带来不必要的麻烦。有效的沟通能增进员工和管理者之间的了解，这有利于员工更快、更准确地理解管理者的意图。但凡执行力强的团队都会非常努力地营造一个有效沟通的环境，使员工对组织目标有一个全面的了解。而一旦管理者之间的沟通非常有效、员工对目标都有一个明确的了解时，团队的执行力就会得到很大的改善。如果沟通不畅，员工理解出现偏差，那么员工劳而无功，执行效果也无从谈起。

7. 事必躬亲，管理者不懂得授权

诸葛亮"鞠躬尽瘁，死而后已"的忠诚之心常使后人动容。但是，一生谨慎的诸葛亮在受到人们崇敬的同时，也引起一些人的非议，原因是诸

葛亮不懂得授权，不信任任何人，事无巨细，事必躬亲，最后终于把自己累死了，蜀国也因此最终导致灭亡。可见，一个团队的成败系于一个人的身上是危险的，可以说不懂得授权，就谈不上执行力。

8. 流程不畅，衔接不良

一件事情的完成需要各个环节的配合，尤其是团队要完成一项紧急或重要的任务时，更需要员工之间的配合、部门之间的默契合作，其中任何一个环节出现了问题，执行力都会大打折扣。

9. 考核制度不明确，赏罚不当

没有明确的考核制度，员工做好、做坏一个样，做多、做少一个样，久而久之就会毫无执行力。管理者们常常困惑——为什么我的想法老是执行不下去呢？如何做到我在场和不在场一个样呢？我的压力这么大，而有的员工怎么跟什么事情都没有似的？如何区分员工业绩的好坏呢？为什么这么多事情要我亲自盯呢？……其实这些问题都可以通过制度来解决，让员工看到他们努力后一定会有回报，犯了错误就会受到惩罚。

📖 增强团队执行力的 5 种方法

一家权威公司曾做过一项调查：许多公司仅有 15% 的时间在为客户提供服务，剩余 85% 的时间都把精力花在了处理协调团队内部关系、开会、解决人事等问题上，以此来维护组织自身平衡和稳定。这样的组织既没有执行力，更没有竞争力。

在当今社会，所有企业间的竞争，绝大多数都是执行力的竞争，团队执行力的强弱直接关系团队的成败。那么我们该怎样增强团队的执行力呢？

1. 要和团队成员进行有效的沟通

一管理者让一名员工去买点复印纸。员工去了，不一会儿，买回 1 包复印纸。管理者有些生气地说："你也不想一想，1 包复印纸怎么够用？我至少要 10 包。"员工第二天又去，买回 10 包复印纸。管理者一看，大叫说："你怎么买的是 B5 的，我要的是 A4 的。"过了几天，员工又买回 10 包 A4 的复印纸，管理者骂道："一点复印纸，竟然能买一个星期。"员工抱怨说："你又没有说什么时候要。"

为了 10 包复印纸，员工跑了 3 趟，管理者气了 3 次。为什么呢？管理者指示不清楚，而员工也缺乏主动性，没有及时询问一些详细要求，因为沟通不到位，导致执行不到位。

2. 要提升下属的能力

员工若是没有工作能力，是不可能按照管理者的要求保质保量地完成工作任务的。团队的竞争力的强弱往往取决于团队中所有人的综合能力，因为一个团队的发展需要每个人付出能力，如果其中有一个环节的成员能力不足，那么，就会影响到整个团队的前进。团队就像一个用参差不齐的木板做成的大桶，往往桶上最短的那块木板决定了水的高度。

3. 使用激励政策

恰当的激励是促进团队凝聚力的最好方法。如果能把员工的需要和团队的目标有机地结合在一起，会更有效地激励团队成员。如给团队成员更大自主权、使任务富有挑战性等，把员工的业绩与团队的业绩结合起来，并据此制定薪酬标准，促进团队整体执行力的提高。

4. 管理者要起到表率作用

管理者的职责无非两条，一个是"领"，就是要率先垂范，以身作则，不搞特权，充分发挥管理者的模范带头作用；另一个是"导"，就是要把握方向和大局，及时解决遇到的各种矛盾和问题，纠正出现的偏差和错误，积极引导广大员工朝着正确的方向前进，促进团队的发展。作为一个团队的管理者，一定要以身作则，对所负责的事情一定要坚定不移地执行到底，不能因为遇到困难就止步不前。吃透上级的指示，把管理者的意图完完整整地传达给员工，又要结合实际，把落实过程中出现的问题及时、全面地向管理者汇报。

5. 制定合情合理的制度，以便能有效地执行

制定制度的目的不能只是为了约束员工，合情合理的制度能提高员工工作的积极性。一个好的制度如果能反映规律、符合规律、遵循规律，才可能得到认同和遵守，才可能真正具有根本性、全局性、稳定性和长期性。好的制度建设一定要有广泛参与性，能广泛地听取各方面的意见，使制度能够反映大多数人的意志，能赢得员工的广泛理解和支持，从而使员

工自觉遵守。一个好的制度一定是简便易行的，这样执行起来才有效率。

用流程提升团队执行力

要全面提升团队执行力，团队不仅要积极培育执行文化、构建执行机制，更要打造顺畅的流程。

建立以市场和客户为导向的快捷的业务流程，可提高执行效率，降低管理成本，全面增强团队竞争力，也是团队做大、做强的有效途径。马云曾说：阿里巴巴不是计划出来的，而是"现在、立刻、马上"干出来的。如果我们每个员工严格按照制度、流程去工作，不互相推诿、不拖拉懈怠、尽心尽责，团结协作，将每一个流程的工作都落到实处，将每一项任务都不折不扣地完成，这样的团队何愁不能发展壮大呢？

拥有一个好的流程对于员工完成任务有着非常重要的作用。好的流程规定了每一个岗位在每一个流程中要做的事情和要达到的标准，把所有的流程对于一个职能的要求和标准归纳起来，就形成了某一个岗位的具体职责。一个员工进入到某一个岗位后，只要按照这些具体职责来做事，执行力自然就加强了。但是，我们有时候会看到，一些团队经常在说要加强执行力，并且也知道团队有些命令不能执行下去，但却一直找不到执行力弱的原因。其实，很可能问题就出在执行流程上，如果执行流程出了问题，就会大大影响团队的执行力。一个团队的执行流程不畅，主要出于以下几方面原因：

（1）一些执行者过于散漫，不按制度做事，结果使命令或政策在执行过程中出现停滞状态。作为团队成员，如果不按流程操作，很可能会导致工作紊乱，造成整个团队执行流程不畅。

（2）一个团队内各个部门要通力合作，各个环节要密切配合，如果缺乏沟通、工作出现脱节现象，也会影响到执行的顺畅性。有些团队忽略了沟通，命令下达后，每个部门根据自己的想法去做事情，各干各的，即使有涉及不同部门需要合作的地方，也惰于和其他部门交流合作，到最后发现很多工作是无效的。

（3）一项任务如果出现多个人指挥，也会使执行流程不顺畅。因为每个人的想法都不一样，不同的人有不一样的标准，不一样的预期结果。一项任务由几个人指挥，这个人让那样做，下一个人又要命令员工按照另一种方式去做，第三个人又要换一种工作方式，如此下去，任务无法执行下去，会给团队造成损耗，非常不利于团队的发展。

（4）团队各个岗位分工不明确，职责不清。执行任务时相互扯皮，推卸责任，这不利于执行流程的顺畅进行。

（5）缺乏监督检查机制。一项任务要执行得好，还需要有监管部门的监督。监督部门的有效监督无形中会给执行者施加压力，使执行者能按照上级指示，不打折扣地执行下去。如果监督不力，执行者就可能自我松懈，执行任务时力度不够。

优化执行流程可以增强执行力

作为一个优秀的团队应该懂得要内外兼顾，内外兼修。在内部管理中，团队执行流程不畅造成的资源浪费、效率低下等问题是关系团队发展的重大问题。因此，优化团队执行流程，构建团队的竞争力非常重要。

怎样优化团队执行流程呢？有以下几种方法可供参考。

1.要制定一个统一的标准

标准是伴随着流程的，没有了标准，流程的可执行力将会很差。因为同一岗位的人对于一个工作流程有不一样的理解，这大大降低了工作效率，减弱了执行力度。只有制定详细、明晰的岗位工作标准，才能保证团队流程畅通，团队顺利发展。

如果制定了各个岗位职责标准，而且每个员工都按照这个标准做事，使岗位工作流程化，那么即使某个重要岗位的员工离职了，也不会影响到整个团队的发展。

2.统一价值取向

现在的团队一般都是按照职能不同划分部门，这样方便以部门进行管理，不过划分部门也导致了部门间缺乏沟通，给跨部门的流程执行造成了困难。

一些部门负责人认为自己部门内部怎么实施流程、怎么进行流程运转是内部的事情，与其他部门或公司无关，并认为流程运转到自己部门时自己做好自己的事情，按照自己的理解来执行就行了。一旦出了问题，要么埋怨上游做得不好，要么说下游没有责任心，总之，自己一点责任都没有。这种想法其实是不可取的，没有细究流程的最终目的，没有从整个流程的高度把握自己那部分流程的目的。

各部门的流程执行时目的各不相同，这样就很难形成跨部门流程工作的统一价值观。其实，对于客户来说，公司就是一个整体，所以，各部门在处理同一个业务的不同流程阶段时应该保持相同的理念和价值。

3. 流程要以客户为中心

公司所有经营行为的目的是希望有更多的客户来购买产品和服务，以便维持公司的正常运营和发展。所以说，公司所有的流程运转的目的就是为客户服务。

在团队内部，流程的下游就是上游的客户，上游就该以下游为中心，尽量满足下游的需求。因为下游是外部客户的代表，代表外部客户的利益，最终也代表了公司的利益所在，因而要树立让客户满意的服务意识。

4. 把岗位职责制定得越详细越好

流程中会涉及很多岗位，所以在流程执行过程中，可以根据流程对岗位的要求，进一步把岗位职责具体化，并且考虑到职责的协调和安排问题，以便达到流程在此环节的目的。

5. 制定流程监控体系

流程运行起来后，要对流程的运行状况进行监控，尤其是在流程的关键阶段，一定要对其时间、成本、质量、服务等要素进行详细的记录和分析，以便发现问题和解决问题。

公司流程优化和发展要逐步进行，不要指望一夜之间解决所有问题，要知道，一口吃不成胖子，否则会给团队内部造成混乱。

📖 责任落实不到位，执行力就大受影响

人们有时可能见到这样的员工：他的电话铃声持续地响起，他仍慢条斯理地处理着自己的其他事情，充耳不闻。几个人在聊天，投诉的电话

铃声此起彼伏，可就是无人去接听。问之，则曰："还没到上班时间。"其实，离上班时间仅差一两分钟。有些客户服务部门的员工讲述自己部门的秘密："下班得赶紧跑，不然慢了，遇到客户投诉就麻烦了——耽误回家。即使有电话也不要轻易接，接了就很可能成了烫手的山芋。"

这些问题看起来是小事，但恰恰反映了员工的责任心。也正是这些细小之事，却关系着团队的信誉、信用、效益、发展，甚至生存。那么，员工为什么会缺乏责任心呢？

首先，是管理者不知道该如何增强员工的责任心。这是经验少、管理能力不足的表现。

其次，是团队的管理者思想懈怠或疏于管理监督，员工自然跟着懈怠。管理者懈怠一点，员工就会松懈很多。

很多团队原本规章制度执行得很好，可时间一长自然懈怠，思想上一放松，责任心就减弱，行为上自然就松懈，体现在日常的工作中就是执行力下降，很多问题均由此而生。

责任心体现在三个阶段：一是执行之前；二是执行的过程中；三是执行后出了问题时。怎样提升责任心呢？

第一阶段，执行之前要想到可能遇到的问题和后果；第二阶段要尽可能引导事物向好的方向发展，防止坏的结果出现；第三阶段，出了问题敢于承担责任。勇于承担责任不仅是一个人的责任心问题，而且也能看出一个人是否光明磊落，是否恐惧未来。

员工勇于承担责任是一种美德，一种勇气，是无私无畏的表现，更容易赢得管理者的尊重。员工如以一种负责的、专业的、考虑周全的方式行事，对于个人而言是一笔财富，对于提高团队执行能力更是最佳途径。

责任不到位的执行，就像一盘散沙，散掉的不仅是执行的效果，而且还会散掉人心，造就一支毫无战斗力的团队。

那么，如何才能让责任不缺位？

第一，明白"所有人都有责任，实际上就是所有人都没有责任"。

执行中最怕说"这是你们所有人共同的责任"。所有人都负责，结果往往是所有人都不负责任，出了问题则互相推诿，你指望我、我指望你，结果是谁都不去解决。

第二，明确"这就是你的责任"。

也就是将执行的责任分解到每一个人，明确告诉执行者执行的范围和标准，哪一点、哪一个环节出了问题，那么"就是你的责任"。

第三，出了差错，一定要有相应的惩罚措施。

南京明故都古城墙的砖上都标有制作工匠的名字，为什么？毫无疑问是为了落实责任。这背后必然跟着相应的惩罚措施，哪块砖出了问题，都能查到相应的责任人，进行相应的处罚。责任细到了每块砖上，谁敢掉以轻心？

如果有了上面这几点做保证，那么，责任就必然会落实到位，执行就不再缺位。

📖 所谓执行力，就是一切按流程办事

任何组织或者个人，要想执行到位，就必须重视流程的作用。如果没有制定出可行的流程，执行就无法到位。很多工作执行不到位，就是因为不按照流程办事造成的。

有的管理者认为按照流程的条条框框做，是自找麻烦，把一件简单的事情做复杂了。那么大家有没有想过，这些条条框框是如何来的呢？难道制定流程的人，是为了给大家制造麻烦才这样要求的吗？

还有人说，流程是把人僵化了，但是实际上不是流程僵化了人，而是人在理解流程时把自己僵化了。理解了流程产生的背景，还要理解流程要求的每一步为什么要这样做，就是要充分了解流程的目的。

原因就在于我们大部分人，执行观念不强，不尊重流程。即使人人理解了流程的内涵，也不能保障每个人都能按流程去做。

事实上，设定流程的最终目的是为了提高工作效率，从而节约管理成本。

建立流程有以下几点好处：

（1）使得工作有序进行，不致杂乱。

（2）在工作出现错误时，可及时分析出是哪个环节发生了问题。

（3）由于每一个流程中的节点都有相应的责任人，所以很容易就可以

找到相应的责任人。

（4）不至于因员工的流动而使得工作进度减缓。

（5）因为有了很详细的流程，新员工在入职以后，按照流程操作，工作容易上手。

流程不合理或有问题会影响工作效率，优化流程可根据团队的实际情况采取以下三种方式：垂直工作整合、水平工作整合和工作次序最佳化。

（1）垂直工作整合。它是指给予员工充分的信任，适当地给予员工自主处理事情的权力，不必凡事都要层层汇报、层层审批，而影响到问题解决的效率。这样，可以锻炼员工的执行力，使其创造性地开展工作。

（2）水平工作整合。它是指将团队分散的资源加以集中，或将分散在不同部门间的相关工作整合成一个完整的工作，交由一个部门或一个人负责，这样可以减少人员之间或部门之间沟通的时间，还可以明确工作的责任人，提高员工的责任感，避免出了问题之后互踢皮球。

（3）工作次序最佳化。它是指做任何事情都是有先后顺序的，这就需要灵活利用工作步骤的调整，达到流程次序最佳化、提高效率、节省成本的目的。

总之，优化流程的一个重要理念就是业务判断理性化、知识化，一般业务常规化，甚至自动化、傻瓜化，从而提升执行的效率。

员工在工作中应该养成优化个人工作流程的好习惯，也就是要按照正确的步骤做事。管理学家的研究表明，依照以下步骤做事，可以获得事半功倍之效。

（1）接受工作指示或命令。一般员工做某一工作时，会接到上司的工作指示。这时候，不能仅听上司表面所交代的，还要明确工作的目的才行。所以，员工要深思的事情有：工作目标是什么？为什么必须达到这个目标？何时达到？如何做会更好？

（2）收集有关的资料、情报。即收集与工作的计划、执行等相关的文件、资料、情报，而且对于收集的这些信息要有科学的判断。

（3）决定工作的步骤与方法。不妨从所拟定的几个方案中挑选较合理的，决定时应该考虑到"更早、更好、更轻松、更便宜"这几项因素，再做筛选。

（4）制定行事表。实施时须留意。确实依照所计划的步骤和方法去做；很有自信地去执行；时时审核实际进度和预定计划的差距，必要时修改所定计划。

（5）检讨与评估。从各方面将工作的结果和当初的计划比较，如果不能达到预期结果，就应该找出其原因。

（6）做完后，向上司报告结果。

像这样按步骤来完成工作，那么，执行到位就是一件很容易的事了。

📖 注重每一个细节，强化执行力

什么是细节化管理？细节化管理的最基本特征就是重细节、重过程、重具体、重落实，讲究专注地做好每一件事，在每一个细节上精益求精，力求取得最佳效果。

细节化管理的具体设计是：

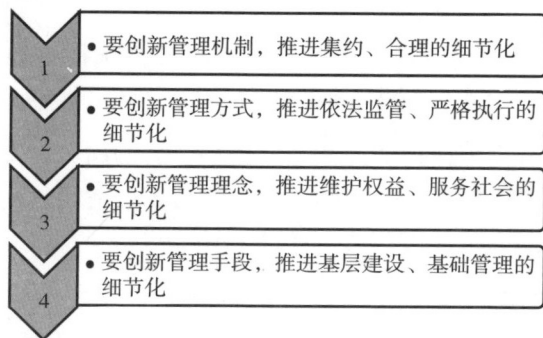

1	● 要创新管理机制，推进集约、合理的细节化
2	● 要创新管理方式，推进依法监管、严格执行的细节化
3	● 要创新管理理念，推进维护权益、服务社会的细节化
4	● 要创新管理手段，推进基层建设、基础管理的细节化

从细节上强化管理。以"干好每一件小事，注重每一个细节"为主题，组织员工对日常工作行为进行自查、梳理，找出工作中容易忽视的问题和薄弱环节。从内部环境、办事流程等各方面查漏补缺，提出改进的措施。

通过建立细节化管理的运行体系，制定全覆盖、多层级、高标准的目标体系，细化各项制度、工作流程和操作规范，以细节的精细化实现整体细节化管理，通过严格执行、监督、考核、奖惩，充分发挥员工的积极性、主动性和创造性，实现工作效率和工作业绩的最优化。

注意到细节后，还要有坚定的执行力。不可复制的细节执行力就是核心竞争力，它使一个团队在竞争中立于不败之地。

细节执行力的决定因素有以下三个方面：

（1）细节执行的意愿。

利澳·克鲁尼橱柜有一位烤漆大师傅技术很好，但却有个不良习惯——爱穿拖鞋进烤漆房。主管知晓此事后，虽然珍视人才，却也对员工穿拖鞋进烤漆房这一原则问题毫不退让。主管正色地对烤漆大师傅说："大师傅，禁止穿拖鞋进烤漆房是公司的明文规定，希望你立即改正，否则，我们只能按公司规定作辞退处理。"烤漆大师傅认识到了问题的严重性，最终彻底地改掉了这个坏毛病。

诸如此类的小细节，在利澳·克鲁尼的管理实践中从不妥协地执行着。细节执行的时候会有得失问题，敢不敢于失去是一个问题，意愿越强烈，决心越大，越敢于失去旧的、错的、次要的，才能拥有新的、对的，收获主要的。

（2）细节执行的能力。

优秀团队始终重视管理人才的选拔和培养。选拔有细节执行力的人才，并不断培养和提高他们这方面的能力；同时制定适合的制度，提炼可行的方法，交给有细节执行能力的人。比如，有的团队经常让业务精英进行体验式学习。通过角色转换扮演，发现细节上的成功和失误之处，锻炼驾驭细节的能力。

（3）细节执行的环境。

再好的流程，在一个不正确的环境中运用，都将促成可怕的错误。在怎样的一个环境中，对什么样的人执行哪些细节？这就是管理的艺术。当然改造和创造某些必要的细节执行的良好环境，本身就是管理人员的重要工作。

锤炼团队的细节执行力，应该成为每个团队获取核心竞争力的必由之路。团队的核心竞争力就是细节执行力。

第十二章

激人

——激发员工士气，调动团队斗志

第一节　给员工以愿景，让员工为梦想奋斗

给自己以目标，给下属以梦想

有专业人士就"团队成员最需要管理者做什么"做过相关调查，70%以上的回答是：希望管理者指明目标和方向。当问到"团队管理者最需要团队成员做什么"时，80%的回答是"希望团队成员朝着目标前进"。由此可知，目标在团队建设中至关重要。

一个没有目标的团队，管理者只能花费大量精力去处理没完没了的琐事，尽管看起来和别的管理者一样忙碌，却根本不可能做出傲人的成绩。管理者在团队建设中最重要的任务，就是为自己的团队制定一个目标，并带领全体员工朝这个目标努力。

对于员工来说，选择一个团队就是选择了一种生活。如果团队管理者能够为团队成员勾画出一幅宏伟蓝图，并努力地去实现它，那么员工就会充满干劲，愿意为了美好的未来而努力。

卓越的管理者之所以卓越并不是他个人能力有多强，也不是靠个人的力量来实现团队的目标，而是能带领整个团队设立目标并完成目标。这个目标要具有吸引力，让团队成员心甘情愿地朝这个目标迈进。一个没有方向的团队是无论如何也不可能获得成功的。因此，作为一个负责的管理者，要想让你的团队具有高绩效，那么当务之急就是制定一个合理的并且富有挑战性的奋斗目标，为你的团队找到正确的方向。

在制定目标时，管理者需要注意以下几个关键点。

1.目标要明确

目标明确几乎是所有成功团队的一致特点，很多团队之所以不成功的重要原因就是目标定得模棱两可，或没有将目标有效地传达给相关成员。

无论是目标制定得不够明确，还是目标没有有效地传达，都会影响团

队整体的力量。所以管理者一定要反复多次强调团队的目标，这样既可以让成员明确目标和方向，也能让大家把目标常记心中。

2.目标一定要量化

可衡量性是指目标应该有一组明确的可量化的指标或是数据，作为衡量是否达成目标的依据和标准。如果制定的目标没有办法衡量，就无法判断这个目标是否能够实现。

因此，管理者在制定目标时，必须考虑其可衡量性。可衡量性使得目标明确而直接，有利于帮助团队员工在漫漫征途上不断振作精神，增强坚持到底的信心。

3.制定团队成员能够接受的目标

在制定目标时，人们往往希望越高越好，管理者也不例外。但是最终来执行的人却是员工，如果管理者一厢情愿地把不科学的目标强压给员工，员工的反应就是心理和行为上的抗拒，各种负面情绪和行为都会被带到工作中，实现目标更是无从谈起。因此，团队的目标一定要合情合理。

4.目标应具有实际性

目标必须是可行的、可操作的。不可行有两种情形：一方面，管理者过于乐观地预估了当前的形势，低估了实现目标所需的条件，这些条件包括人力资源、硬件条件、技术条件、系统信息的条件、团队的环境因素等，以至于制定了一个高于团队实际能力的指标；另一方面，可能花了大量的时间、资源和人力成本，最后确定的目标根本没有多大的实际意义。这两者都违背了目标的实际性。

每一个管理者都应该像火炬传递者一样，帮助员工点燃心中的梦想之火，让员工对未来美好的前景充满憧憬，激励他们不断地向着目标前进。因为有梦，员工才会觉得自己的工作充满意义，也会每天为此而精力充沛，这样团队岂能不强大？

一个团队要想迅速成长就必须要有一个好的领路人。这个领路人，必须具有强大的领导力，为团队指明方向。这个方向就是每个人的梦想，有了梦想，员工才会专注前进。

造梦是一个团队管理者必须具备的能力之一。作为管理者，如果你不懂造梦，充其量只能算是一个团队管理的执行者，永远不能担当团队发展的重任。如果你懂得给员工造梦，让他们向前看，并激励他们为此不懈努力，你就能真正掌控一支团队，成为当之无愧的管理者。

最好的愿景是：跳一跳，摘得到

不切实际的愿景，将对团队产生巨大的危害，不管这个愿景有多么美好，也不管你制定了多少措施，喊了多少口号，如果目标脱离实际，只能是空中楼阁。事实表明，如果愿景超出了团队的承受能力，与现实脱钩，它将是无法实现的。不切实际的目标，除了会加大团队的经营风险以外，没有任何意义。

挂在树尖的果子，人们不愿去摘；如果顺手就可以摘到的果子，又没有激励作用。最美好的愿景就是：跳一跳，摘得到的果子。好的愿景是让团队和每个人既可望又可即。每个团队都有自己的特点，有别人和别的团队无法模仿和复制的优势，只有好好地利用这些特点和优势去制定适合自己的愿景和目标，才可能取得成功。

1. 要清楚地规划出愿景实现的过程

如果没有清楚地规划出实现愿景的过程，即便是再伟大的愿景，也无法令人信服。因此，一定要把目标变成现实的过程当成规划愿景的重要组成部分。

在团队中，尤其是在人员构成复杂的团队中，如果没有事先规划好愿景实现的过程，在决策时，很容易使团队成员之间陷入无休止而又毫无意义的争论中。

作为管理者，你必须为团队愿景的实现设定一些步骤——这将对团队成员和总体绩效产生非常重要的影响。

既然是目标的实施步骤，就存在一个先后次序的问题。团队的共同愿景可以分解成若干个小目标，然后，还要合理地安排这些小目标的次序。

另外，团队的资源是有限的，安排好小目标的实现次序后。你要设定好实现这些目标的具体步骤，包括实现目标的过程或手段。这种设定进行得越仔细越有利于执行。

2. 把握好短期和长期之间的平衡

团队愿景必须以适时的方式进行，它必须与团队所面临的竞争环境和团队自身条件的变化结合起来。这就要求在制定团队愿景时，必须考虑到团队的短期任务。考虑如何在短期或中期获得阶段性成就，这是实现团队愿景的重要保证。

其实，无论是团队愿景还是其他的目标、计划，把握好短期和长期之间的平衡至关重要。在制订任何一项计划的时候，必须同时考虑到必要的成本和可能的收益，必须注意在实现长期目标的同时保证短期效益。

要想成功，就必须将长期任务和短期任务结合起来，只有这样，组织成员才有成就感，在实现短期利益的同时，才能更好地迎接可能面临的挑战，为团队的长期发展奠定基础。

一般来说，管理者可以将团队的长期目标、中期目标、短期目标结合起来。出色的团队都有5~10年的长期目标。要反问自己："我们希望团队在10年后是什么样？"然后，根据这个问题的答案来规划应该做的各项努力。

📖 掌握未来发展趋势，做到先人一步

"人无远虑，必有近忧"，对于团队也是一样。别看团队眼前的经营现状非常好，但这并不代表未来3~5年依然好。团队的经营运转就像一个人的身体一样，表面看着没事，但不知道什么时候病魔已经潜伏在体内。

团队管理者应该像一个医生一样，要不时地给团队诊断，防微杜渐；否则，一个大意可能团队就已经"病入膏肓"。一旦团队"病入膏肓"势必会造成很大的损失，甚至难以"医治"。一个能掌握未来的管理者才能让员工安心，才能真正带着员工实现设定的宏伟蓝图。

湖北 HCD 智能装备股份有限公司，坚持以技术创新为核心经营理念，抓住我国自动化装备行业高速发展的良好机遇，进一步延伸公司在汽车制造、工程机械领域的产业链深度，同时拓宽公司产品应用领域和市场，提升作为国内一流自动化装备企业的系统集成及整体方案解决能力，逐步实现满足国内外高端客户的产品技术要求，成为国际一流的自动化成套设备

供应商。

公司掌握未来发展趋势，在增强成长性、增进自主创新能力、提升核心竞争优势等方面采取了先人一步的发展战略，具体措施是：

①产品和技术纵深化。

②市场和区域纵深化。

③行业应用领域纵深化。

通过上述三个方面的纵深化发展，全面提高公司技术水平，以国际一流智能装备供应商为发展目标，达到国际先进技术水平，进一步提升公司作为国内优秀装备制造企业在全球市场的综合竞争力。

"思想是行动的先导"，只有在思想上先人一步，才能在发展上快人一步。作为管理者不仅要看到团队今天的面貌，更要规划明天、后天的样子，这需要管理者不仅自己要有先人一步的意识，从长远的角度来管理团队，更需要把这种意识传授给下属，让每个下属在工作中想得更远一些，整个团队的发展才能稳步前进。

给员工以鼓励，不要吝啬你的赞美

一些管理者总是抱怨自己的员工工作没热情，干活没有效率，上班没精神，每天都是一副"当一天和尚撞一天钟"的懒散状态。

为何员工的工作状态如此差呢？大多数管理者会把责任归在员工身上，完全没想过自己做得有什么不好的地方。其实，究其原因，大多数时候，员工无精打采是因为管理者不当的管理行为所致。员工辛辛苦苦，好不容易有了成绩，不但没有得到上司的认可，反而被直接无视掉，连一个好话都没有，也难怪员工工作没有了激情，他们心中熊熊燃烧的工作热情被上司的冷漠无情浇灭了。

著名心理学家威廉·吉姆斯指出："员工最希望得到什么奖励？有人认为是金钱。其实不然。如果你将金钱和管理者的赞赏同时列举出来，并告诉他只能选其中一项，那么大多数人都会选择赞赏。"他解释说，每一个员工都有通过被赞赏来获得满足感的心理需求，没有人会拒绝别人的赞赏。

没有人会拒绝赞美，每个人都渴望赞美，赞美是很多职场人士不断前进的巨大动力。作为公司的管理者，在员工表现出色的时候，不妨夸赞一句："干得不错。加油！"简简单单一句赞美，对员工是最有价值、最有力的激励。

> 赞美不需要什么成本，但是却能收获优厚的回报

总之，一个聪明的管理者，不仅需要有一定的工作技能和领导能力，还需要掌握赞美员工的技巧，用"好话"留住员工的心。

凡事过犹不及，管理者赞扬员工也是如此，要恰到好处，不要用词过度。管理者如果过度地使用了赞美，将赞美当成了一句口头禅，无论员工做什么，他都脱口而出"干得不错"，这会让员工习以为常，甚至会充满疑惑。而且，有时过度赞美会让员工产生这样的想法："我做了这么点事情，领导就表扬我，分明是低估了我的能力，认为我只能做到这一步。"如果管理者不合理使用自己的赞美之词，久而久之，他带领的部门就可能因为不恰当的赞美而人心涣散，士气低迷。

管理者适时地赞美员工，是合乎情理的激励行为，但如果在管理过程中过度频繁地使用赞美，只会产生负面效果。那么，管理者应该如何把握好赞美的度呢？一般来说，可以从以下几方面去做。

1. 把握好赞美的标准

要想合理地赞美员工，需要管理者给自己设定一个标准，这个标准不能过高或过低。如果赞美标准过高，会让员工心生畏惧，觉得很难得到管理者的赞美，从而失去争取赞美的信心。而赞美标准过低，则会让员工觉得受到表扬，是唾手可得的事情，久而久之，他们就会对管理者的赞美不屑一顾，工作积极性会逐渐降低。

2. 赞美要广泛使用，不要集中于某个员工

有些管理者常犯这样的毛病，对于表现出色的员工，总是频频送来赞美之言，对其他的员工则持无视的态度。相关研究表明，当管理者在特定时间内表扬同一个员工的次数越频繁，表扬收到的效果也就越低。

任何一个团队里，如果让员工们听到的总是管理者在夸赞别人，那么，就会产生挫败感，觉得自己的工作得不到认可，进而怀疑自己的能力。此外，他们还可能会对获得赞美的同事产生妒意，以至于影响到团队的和谐。

因此，身为管理者，不要反复去赞美那些早就被大家认可的员工。赞美激励时，管理者应该本着顾全大局的原则，不管是新人还是元老，不管是表现平庸者还是工作出色者，只要他们工作有出彩的地方，就要毫不吝啬地去赞美他们，让所有人都沐浴在阳光中，团队才会朝气蓬勃。

3. 赞美的人数要适当

相关研究表明，管理者一次赞美的人数必须控制在一定范围内，过多或过少都不会取得激励效果。数量过少，容易使没有被赞美的员工产生排斥心理；数量过多，员工则会产生"做成什么样都可以受表扬，何必干得那么苦"的想法，这就失去了激励的初衷。所以，赞美人数的尺度，还需要管理者好好拿捏。

4. 微小的进步也给予赞美

有心理学家曾建立过一个"赞美俱乐部"。在这个俱乐部中没有管理人员，没有办公室，也没有正式会议，每个俱乐部的成员需要做的就是自愿给别人三次真诚的赞美。他们无须等待他人做出惊天动地的事情，或是有什么卓尔不凡之处，每个人都会尽力从他人的平凡之中寻找值得称赞之处，哪怕是一丁点儿的优点或是一丁点儿的进步。

这样的赞美方式在这个俱乐部之中产生了奇迹般的效果，它让每个人都将注意力从自身转到他人身上，不仅减少了成员自以为是的观点，也让每个人变得更通情达理，还让每个人都充分发挥了自己的才智。

行为心理学家雷德里克·赫茨伯格认为："人类不会被未来所推动，他们只会被当下的成就推动着。也就是说，一项小小的成就，就足以成为他们'想要试着达成更多一点'的动机。"

在人们第一次完成某件事，或是将一件事情做得比之前更好的时候，就会在心中产生一种成就感。如果这种成就感得到及时的肯定和赞美，就很可能成为带来更大成功的推动力。

每个下属都渴望得到赏识和认可，他们希望每一次的进步都能得到上司的认同和尊重。因此，真诚地赞赏下属，就要不漏掉他们的每一次进步。

第二节　奖惩有法，形成最佳调动力

惩罚为辅，教育为主

在管理中，要是员工犯了错，批评和惩罚是必需的。通过惩罚，可以让员工意识到自己的错误，从而达到规范员工行为的目的。但是管理者始终要明白一点，即惩罚不是目的，教育才是目的，惩罚只是教育员工的一种手段。

管理者切忌滥用惩罚，太过严厉的惩罚会挫伤员工的工作积极性，而且很可能导致人才的流失。掌握批评和惩罚的艺术，并运用好它，才能收到良好的管理效果。

MA公司有一个开放式的大办公室，有200人在一起办公。由于管理不到位，办公室经常发生电灯、空调彻夜未关的现象。为此，行政部想了一个办法，装了一个监控，抓到"犯人"就罚款100元。采取措施之后效果并不尽如人意，管理者只好不断加大惩罚力度，效果还是不好，员工抵触。

后来，总经理召集大家开了个会，阐述了成本管理必要性、培养节约习惯的重要性、细节管理的可行性。然后在办公室大门的门楣上方悬挂了一个卡通画，只要一锁门，卡通画便会掉下来，上面写着"你关灯了吗？"从此，状况大为改观。

从故事中，我们懂得一个浅显而伟大的道理：制度固然重要，但教育与机制比制度更重要、更可靠，它会对管理对象产生远大于制度的约束力。

当下属犯错时，惩罚是必需的，因为没有规矩不成方圆。但处罚要让人心服口服，恰如其分的惩罚可以使员工较好地接受，并使他认识到问题所在，从而得到改正。这样才能化消极为积极、化被动为主动、化处罚为激励。反之，员工要是被动消极地改正错误的话，就不会心服口服，这很可能会留下后遗症。

管理学家指出，训导应对事不对人。管理者在训导员工时，应该着重描述事实而不是判断或评价。管理者如果批评下属时带有侮辱性语言，只会刺伤下属，起反作用。管理者只有客观、公正地实施惩罚，才能使员工勇于认错、心悦诚服。

管理者要敢于大胆运用创新思维，处罚完全可以变得和正面的表扬一样激励人，甚至比正面的表扬和奖励还要积极有效。管理的艺术，就在于化一切被动因素为积极因素，把批评和惩罚变成激励，让员工感受到惩罚这个"热炉"不仅仅是烫，而且还有温暖的感觉。

宽容员工的小错误，管理效果更好

有一些管理者偏执地信奉杀一儆百的效果，他们一旦发现一个员工犯错误，不管错误大小，都会借题发挥整治员工。这是不懂管理心理学的反映。

从心理学上分析，当一个人遭受批评时，往往只能记住开头的一些话，他们听后会进行思考或组织相应的论据来为自己辩护，反驳你开始的批评，而后面的话他们几乎没有听进去。而且，一个人犯错误后，他们本身就会产生抱歉、后悔等很多情绪，如果管理者这时过分责备，很可能会适得其反，伤害到他们的自尊心，他们就会产生逆反心理。这种逆反心理会让他们对管理者产生讨厌、排斥等心理，而这种心理会直接影响到他们的工作态度和工作效率。

所以，明智的管理者总懂得包容下属的小错误。作为管理者，要知道，人无完人，每个人都会犯错误，每个人都是在接受正反两方面的经验和教训中逐渐成长、成熟起来的。因此，对于下属大意之下犯的小错误应给予理解，并帮助他找出原因。管理者适度的宽容既可以树立领导威信，同时又可以换来员工的感激之情，而这种感激之情会成为员工加倍努力工作的动力。

包布·胡佛是美国著名的试飞员，频频在航空展览中表演飞行。一天，他在圣地亚哥航空展览中完成表演任务之后，在返回洛杉矶的飞行途中发生了意外。飞机在 300 米的高度时，两个引擎突然熄火，千钧一发之际，胡佛凭着高超的技术，操纵着飞机实现了强行着陆。飞机虽然严重损坏，值得庆幸的是没有人员伤亡。在迫降之后，胡佛的第一个行动是检查飞机的燃料。正如他所预料的，他驾驶的螺旋桨飞机居然装的是喷气式飞机的燃料。机械师的错误险些使一架非常昂贵的飞机彻底报废，差一点使得 3 名飞行员失去生命。回到机场后，胡佛要求立刻见保养飞机的机械师。那位年轻的机械师正为自己所犯的错误而悔恨。机械师知道，胡佛是位既有荣誉心又事事要求精益求精的飞行员，必然会为此而大为震怒，痛斥自己的疏忽。被解除职务的命运，看来是不可避免的事情了。当胡佛走近机械师的时候，机械师泪流满面。但出乎意料的是，胡佛并没有责骂那位机械师，甚至没有任何批评，相反的，胡佛用手臂抱住机械师的肩膀，真诚地说："我听说你的妻子得了急病住进了医院，这很可能是发生这次飞行事故的客观原因。我相信这只是一次意外，并希望你能继续为我保养飞机。"后来这位年轻的机械师一直陪伴在胡佛身边十几年，为他保养飞机，再未出现过一丝一毫的差错。

宽容是一种美德，更是一种有着奇效的管理手段。就像胡佛这样，宽容了机械师的过失，给予了机械师充分的理解和尊重，帮一个已是诚惶诚恐、满怀负罪感的员工恢复了自信和坚强。

在现实工作中，有很多管理者认为员工只是实现团队目标的工具，所以不懂得包容、不懂施恩，只要员工出了问题，就毫不犹豫地"修理"。这种过于严厉的管理者很难把团队管理得更好，反而有可能摧毁整个团队。

人的长处和短处是可以相互转化的。宽容是员工短处转化为长处的润滑剂，在工作中适当宽容下属的小失误，就能激发员工的上进心和责任心。反之，如果员工偶尔犯了一个小错误就遭到管理者的严厉斥责，员工就会失去锐气、丧失积极性，变得谨小慎微，成为一个在团队中不求有功、但求无过的人。因此，如果员工已经认识到自己的失误，管理者就没必要抓住这个"小辫子"不放了。

宽容下属的小错误，一是能让下属感受到管理者的爱护和信任；二是激励其将功补过，更加积极努力地工作。惩罚的目的就是为了提高下属的工作能力，宽容这种温和的方法，管理者要乐于采用。

必要时必须惩一儆百

权力是管理者展示抱负的舞台，纪律是管理者维持舞台秩序的尚方宝剑。管理者必须时刻将尚方宝剑挂在腰间，约束那些敢冒团队之大不韪的人。当一个团队陷入无序状态，管理者为了建立有序的组织、严明纪律，可运用"惩一儆百"的管理手段，及时抓住一个错误最严重的人，从严处理，从而警告其他员工要遵纪守法。这样枪打出头鸟的做法会给其他员工一个警示，进而约束其行为。如果你优柔寡断、犹犹豫豫，那么你的威严将大大降低，从而影响今后工作的开展。

惩处措施是管理者必须坚持的原则，能否采取合理的惩处措施，直接关系到管理者形象、威严的确立。管理者要告诉自己的下属必须遵守的行为规则，并严格按照这些规则来规范团队成员。只有这样，才会使团队的管理工作井然有序。

"惩一儆百"的管理手段有助于管理者树立威严，但值得注意的是，"惩一儆百"不能随意滥用，管理者必须结合实际情况，选择最恰当的时机和方法。在这方面，管理者需注意以下几方面。

1. 不要轻易放过第一个挑战管理者权威的人

管理者为了维护制度的严肃性，必须及时抓住第一个胆敢以身试法的人，坚决从严处置，给所有观望者一个警示。

2. 重点惩罚性质最恶劣的个别下属

管理者在管理工作中，有时候会遇见好几个违反规章制度的员工，这种情况下，管理者应从这些员工中揪出性质最恶劣、影响最坏的一个来重点惩治，同时对其他几个情节较轻、认错态度较好的人，给予适当的惩罚。这种做法，能让受到严惩的人陷入孤立的境遇，从而真正达到"惩一儆百"的良好效果。

3. 合情合理地惩处员工

管理者在实行惩罚手段时要尽量做到合情合理。合情，要求管理者采用的惩处方式不要太过火和偏激，不能超过常人的心理承受能力，要能被大众所接受。合理，是指惩治员工要师出有名，符合有关法规、制度。

"惩一儆百"不怕严，也不怕刚，只要管理者能做到严之有理、刚中有情就能起到良好的管理作用，使人心服口服。

📖 掌握正确的批评方法

1. 掌握批评的三条原则

在日常工作之中，下属的工作常常会出现某些偏差和错误，这时管理者就必须及时提出批评，纠正偏差，保证工作目标的顺利实现。由此可见，管理者适时恰当地批评下属不仅是必然的，而且也很重要。这时首先要注意遵守批评的原则。

（1）用朋友的口吻。

你作为上司，对某一名下属的工作很不满意，但又不便当面批评他时，你该如何做呢？你不妨以朋友的口吻去询问对方："发生了什么事？""我能为你做些什么？"或"为什么会这样？怎么回事？"等等，这有助于你对情况的了解，以便更好地解决问题。不要说："你这样做根本不对！""这样做绝对不行。"你可以说："我希望你能……""我认为你能做得更好。""这样做好像没真正发挥你的水平。"用提醒的口吻与对方说更好。

这样私下与其交换意见，委婉地表达自己的想法，并与他摆事实、讲道理、分析利弊，他就会心悦诚服，真心接受你的批评。反之，如果你居高临下，盛气凌人，以上司的口吻责备他，那就会引起下属的反感，批评就会失去效果。

（2）对事不对人。

在对下属提出批评时，预先想清楚要说什么话，大前提应该是"对事不对人"。批评时切忌进行人身攻击，否则易使双方的关系尖锐对立，对解决问题非但没有帮助，还会产生新的矛盾。

（3）掌握批评的时机。

批评下属要及时，随时发现，随时批评，不要拖延。当员工犯错后，如果管理者不及时批评，等多次犯错后再说或秋后算账，这样，对方就会想：我一直都是这样做的，怎么你过去就没意见呢？

及时批评并不是说要不加选择地随时批评。有人认为管理者是权威的代表，在与下属谈话时只要使用肯定或提高声调的语气就行了，其他不用考虑，其实不然，作为管理者，首先要考虑到对方的自尊心，不能在大庭广众之下，去纠正下属的过失并且批评他，如果员工犯的错影响面不是很大，找一个私下的场合单独批评下属会使其更容易接受。

2.采用适合的批评方式

一位哲人说过：我们只有用放大镜来看自己的错误，而用相反的方法来对待别人的错误，才能对于自己和别人的错误有一个比较公正的评价。

在管理工作中，批评也是一种必要的强化手段，它与表扬是相辅相成的。作为管理者，应该尽量减少批评所产生的副作用，减少人们对批评的抵触情绪，以达到较理想的批评效果。要让员工心悦诚服，真正接受你的批评和帮助，可见批评的方法是关键，方法不同，效果当然也不同。批评成功的条件，基本概括起来有三条：

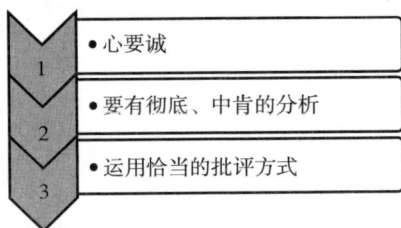

1	● 心要诚
2	● 要有彻底、中肯的分析
3	● 运用恰当的批评方式

下面是四种颇有艺术性的批评方式，对管理者具有较强的启示作用。

（1）启发式。

要使对方从根本、从内心认识到自己的错误，需要批评者从深处挖掘错误的原因，晓之以理，动之以情，循循善诱，帮助他认识、改正错误。

（2）幽默式。

幽默式批评就是在批评过程中，使用富有哲理的故事、双关语、形象的比喻等，以此缓解批评时紧张的情绪，启发被批评者思考，从而增进相互间的感情交流，使批评不但达到教育对方的目的，同时也创造出轻松愉快的气氛。

（3）警告式。

如果对方犯的不是原则性的错误，我们就没有必要"真枪实弹"地对其进行批评。可以用温和的话语，只点明问题；或者是用某些事物对比、影射，点到为止，起到警告的作用。

（4）委婉式。

委婉式批评也称间接批评。一般采用借彼比此的方法，让被批评者有一个思考的余地，不伤对方的自尊心。

3. 在严厉批评后，要用安慰或鼓励的话语结尾

值得注意的是，作为管理者，在严厉地批评了下属之后，一定不要忘了立即补上一句安慰或鼓励的话。因为，任何人在遭受管理者的批评之后，必然情绪低落，对自己产生怀疑。然而此时管理者适时利用一两句温馨的话语来鼓励他，或对其表示正是因为看他有前途，才会如此严格要求。如此，受批评的下属必会深深体会"爱之深，责之切"的道理，而更加发愤图强。

4. 运用三明治策略，让批评在友好气氛中进行

美国著名企业家玛丽·凯在《谈人的管理》一书中写道："不要光批评而不赞美。这是我严格遵守的一个原则。不管你要批评的是什么，都必须找出对方的长处来赞美，批评前和批评后都要这么做。这就是我所谓的'三明治式'批评法——夹在两大赞美中的小批评。"

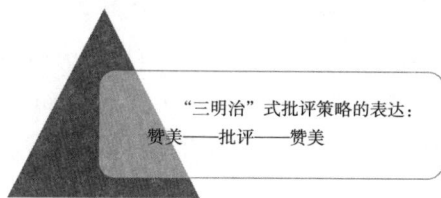

"三明治"式批评策略的表达：
赞美——批评——赞美

即在批评别人时，先找出对方的长处赞美一番，然后再提出批评，最后力图使谈话在友好的气氛中结束。这种两头赞美、中间批评的方式，很像三明治这种中间夹馅的食品，故以此为名。

用这种方式处理问题，对方可能不会太难为情，减少了因被激怒而引起的冲突。

从心理学的角度来分析批评行为时，我们会发现，大多数人在听到批评时，总不像听到赞美那样舒服。人在本能上对批评都有一种抵触心理，人们喜欢为自己的行为辩解，尤其是一个人在工作中已付出很大努力时，

对批评会更为敏感，也更喜欢为自己辩解，以便使自己和他人都相信他是没有错误的。

从心理学角度看，这也是认知不协调的一种表现。即在认识上，人们确信自己是不可能不犯错误的，而在行为上却试图为每一次过失辩解。解决这种认知不协调的方法，就是批评者替对方进行辩解或创造条件使对方觉得无法辩解。

对方的能力、为人、工作的努力等，有很多可以肯定的地方，批评者如果视而不见，对方可能会觉得不公平，认为自己很多方面的成绩或长期的努力没有得到应有的重视，而一次失误就被抓住，认为对方专门和自己作对。而批评者首先赞扬对方，就是避免对方的误会，表明上级、同事对他所做工作的承认，使他知道批评是对具体事而不是对人的，自然也就放弃了用辩解来维护自尊心的做法。

从"三明治策略"的表达形式看，也是符合人的心理适应能力的。人们希望得到别人的赞扬，赞扬就会在他的心里留下比较深的印象。两头赞扬就能起到这种作用。当批评者在诚恳而客观的赞扬之后再进行批评时，人们会因为赞扬的首因效应作用，而觉得批评不那么刺耳。

注意观察一下就可以发现，所谓人缘好的管理者都比较喜欢"三明治"式的批评方法。有时，人们也会把"三明治"变成"双色糕"让赞扬与批评交错出现，其目的也是维持听者的心理平衡。如果批评三言两语便可结束，只需"三明治"即可，如果谈话时间较长，就应在大"三明治"中套上小"三明治"，时时谈起对方的优点，这样效果会好得多。

📖 激励比批评更有力量

用激励代替批评，是伟大的心理学家史金纳的基本观点。他以动物和人的实验来证明：当减少批评，多多激励对方时，人所做的好事会增加，而比较不好的事会因受忽视而逐渐萎缩。

生活中，少一分指责，多一些嘉许，不仅令事情做起来得心应手，也会给予对方愉悦的心情。我们不应当怀着自己的私心或对事物不感兴趣，就对他人的行为采取贬低或批评的态度。

爱迪生5岁的时候，有一天，他看见家里的母鸡老待在窝里不出来，就"哦嘘，哦嘘"地叫着去赶它，可是母鸡歪着脑袋，眨了眨眼睛，一动也不动。"母鸡不是在下蛋，是怕蛋着凉。"妈妈把爱迪生搂在怀里说，"妈妈抱着你，你不是就暖和多了吗？"爱迪生更觉得奇怪了，瞪着眼睛问："妈妈，蛋也跟咱们人一样，会着凉吗？"妈妈笑起来了，告诉爱迪生，母鸡是在孵小鸡。母鸡用自己的身子盖在蛋上，蛋就暖和了，蛋里面就会长出小嘴、小脚丫、羽毛，慢慢小鸡长大了，就啄破蛋壳，叽叽叽，就从蛋壳里钻出来了。爱迪生听了妈妈的话，就跑开了。过了一个小时，又过了一个小时，妈妈没看见爱迪生，爱迪生上哪儿去了？找了很久，妈妈发现爱迪生正学着母鸡的样子，蹲在鸡蛋上面孵蛋哩！

没有爱迪生母亲对儿子孵鸡蛋行为的肯定与赞许，也许爱迪生就不会有后来的成就；英国作家韦斯特若没得到老校长的激励，可能就没有今日无数本畅销书，英国文学史就缺少了不朽的一页。

也许就是那一句微不足道的激励，给了那些需要动力的人无穷的力量，给那些身处逆境的人奋斗的信心。

著名心理学家杰丝·雷耳在《孩子，我并不完美，这只是真实的我》一书中说道："激励对温暖人类的灵魂而言，就像阳光一样，没有它，我们就无法成长开花。但是我们大多数的人，只是敏于躲避别人的冷言冷语，而吝于把激励的温暖阳光给予别人。"

身为管理者，不要吝啬你的那束阳光，应该让它普照你周围的每一个员工。

第三节　良性竞争，激发团队斗志

有危机才能有活力

一个群体没有觉察到危险就是最大的危险，只有在充满危机感和紧迫感的情况下才能更好地生存。对于团队，也是如此。

当一个人生活在安逸之中，也会变得懒散。一个团体由于暂时的优势而处于安逸之中，忘掉了危机，高枕无忧，终将被强者吃掉。

当一个人陷入安逸中没有了危机感，就会导致办事效率低下。因为平日里没有生存危机，就容易满足，陷入不思进取的状态。如果一个团队的员工都陷入了这样一种安逸的状态，团队就无从发展。

适当给员工注入危机感，就等于给员工制造出一个积极上进的理由。当员工战胜面临的困难时，就会产生极大的成就感，更加自信，从而有更多的激情为团队作出更多的贡献。反之，如果员工无论业绩多么差都无所谓，结果就会造成一种高枕无忧的现象，员工会无视效率，这是团队发展的致命伤。

我们所说的"危机"二字，其中既包含"危"——危险和危难，也包含"机"——时机和机遇。在危机中，危险和机遇是同时存在的，"祸兮福之所依，福兮祸之所伏"这句话，辩证地阐明了危机的双重性。危机既可以给团队、员工带来损失，也可以给团队、员工带来机遇。管理者若能深刻了解危机感带给员工的动力，并结合实际情况合理地给团队注入危机感，就可以让每个团队成员保持兴奋状态，从而大大增强团队的竞争力。

在很久以前，爱吃沙丁鱼的挪威人从深海中捕获沙丁鱼后，还没来得及返航，大部分沙丁鱼就已经死了。可有位渔夫的沙丁鱼却总是生龙活虎的，他的鱼也比别人的鱼卖价高很多，很多人都想知道他是怎样让他的沙丁鱼生龙活虎的，但他始终对此守口如瓶。

直到这位渔夫死后，人们打开了他的鱼槽，发现里面只不过是多了一条鲇鱼而已。

区区的一条鲇鱼怎么能让生性懒惰的沙丁鱼在经过返航的长途跋涉后还能活蹦乱跳呢？原来，在鲇鱼被放入水槽后，会不断地追逐沙丁鱼。沙丁鱼在鲇鱼的追逐下拼命地游动，其内部的活力被激发了，从而活了下来。

鲇鱼效应就是鲇鱼在搅动沙丁鱼生存环境的同时，也激活了沙丁鱼的求生能力

心理学实验表明，竞争能提升人们50%甚至是更大的创造力。如果

人活在一个与世无争的环境之中，潜力就会在很大程度上处于被压抑的状态。但如果竞争压力过大，也会影响团队的内部和谐。因此，管理者在团队中引入竞争机制，激发下属上进心的同时，还要维护好团队秩序，让每个成员保持合作。在团队中引入竞争机制，既能唤起团队成员的竞争意识，也能提升团队整体的凝聚力。

📖 有挑战才能实现员工价值

如果一个团队的成员长期处于固定不变的状态，其内部成员由于互相熟悉，就会缺乏新鲜感和活力，容易养成惰性，缺乏竞争力。只有存在外部压力，员工才会有紧迫感，才能激发其进取心，团队才会有活力。

每一个人都有自尊心和自信心，都希望能站在比别人更优越的位置上，或者自己被当成重要的人物。因为有了这种欲望，人才会努力成长，也就是说这种欲望是提高人们干劲的催化剂。这种自我优越的心理欲望，在有特定的竞争对象时，会特别的明显。作为管理者，如果能充分利用员工的这种心理，为其设立一个竞争对象，让员工去接受挑战，就能成功地激发起员工的干劲。

在激活员工价值方面，华为无疑是行业的佼佼者。他们认为，企业层面的价值创造，需要从外部客户的拉动力、内部平台的推动力和任职员工的自驱力三方面寻求动力。有效的绩效管理需要从组织、流程和职位三个层次分别制定目标、设计体系和管理要素，三者相互联系、相互影响。在完善组织、流程等层面的绩效变量因素之后，他们将管理重心落实到员工层面，从人的角度寻求发展动力。员工层次的绩效变量因素除了产出目标、投入支持和评估、激励、反馈等组织环境因素以外，主要是员工本身的因素。

为了提高员工的敬业度，使员工自我驱动，他们充分发挥员工的价值创造，驱动员工的智力能量、身体能量、情感能量以及精神能量。

华为的绩效责任是，倡导"高层要有使命感，中层要有危机感，基层要有饥饿感"。华为的激励原则是，让员工食利，但不让他们成为完全的食利者，更不能形成食利阶层；让员工艰苦奋斗，但又不让奋斗者吃亏。

在员工层面，由内而外，持续提升自身价值，是在自身职位上释放潜能，发出最大的光和热，以贡献自身的正能量；二是要将自己"嵌入"企业系统，在组织职位和流程节点上积极主动，努力做好承上启下、前后衔接工作。融入其中，既得以借助外因取势而行，又可以添砖加瓦贡献"火力"，从而为内部和外部客户创造最大价值。

华为是一个有梦的企业，而且是将企业梦想转化为每一位员工的梦想。而梦想的实现就是让员工去接受挑战。

有竞争才能促进员工发展

看到同事新购了一台漂亮的小车，自己虽然经济拮据，但是也想用分期付款的方式买一台新车回来。工作上也是如此，同期进入公司的员工，彼此都不愿输给对方。管理者可以抓住员工的这种竞争心理，采取一定的措施，使他们时刻处在竞争之中，这样不仅可提高员工的工作效率，还能实现他们的自身价值。

光用薪水是留不住优秀员工的。每个员工都希望能在工作中展现自己的才能，做别人从未做到过的事情，提高效率或者超越自我，那样他们就会充满激情。

现实生活中，优秀的员工从不害怕竞争。他们认为，只有在竞争中，处于挑战的环境，才能让他们有成就感。对他们而言，竞争不是工作，而是游戏，刺激而有趣。工作会使员工疲倦，但是竞争却会让他们乐此不疲。

对于大多数人来说，竞争意识是一种渴望卓越、渴望认同的心理。管理者要充分利用员工的竞争意识，有目的地为他们设立竞争对手，让他们与自己的内心设计相符，不断激发其为团队效力的激情。当然，虽然竞争能提高工作效率，但过度的竞争很可能会导致员工彼此之间恶性竞争。所以，管理者一定要掌握好竞争的度，适时干预，使竞争保持在良性的状况下。

公开资料显示，从 2015 年 11 月到 2017 年 5 月，熊猫直播共引进了 5 轮投资，背后金主包括乐视、360、真格基金，融资总额估计超 30 亿元，估值接近百亿元，其创始人是我国首富王健林之子王思聪。但在 2019 年 3

月，熊猫直播轰然倒塌了。

在熊猫直播刚成立的时候，其用户增长量堪比巅峰时期的滴滴，很多人认为一年内可以赶超虎牙和斗鱼。

2016 年年底，从能力很强的两个副总裁离职开始，熊猫进入 360 治下时期。在这个时期，一件事情走程序都要十多天到两个月，还不一定有结果。一旦遇到大事，领导层就携妻带子声势浩大地找个度假村或出国开会去了。

熊猫直播又叫"主播养老院"。在所有直播平台里，熊猫的主播是最舒服的，每天只播四五个小时，人气掉了也不管，等到月底疯狂补一下垃圾时长就能拿全额薪水。而在其他平台，如果主播表现不好会被扣薪酬，甚至会被 CEO 点名处罚。

曾与熊猫直播有过合作的游戏公司的某员工称，熊猫员工很自负，他们似乎觉得"校长"的名字足够有力量，是最强的推广方案，其他的措施都无须去做。

任何行业都不会永远存在躺着赚钱的可能，竞争永远是第一位的存在，从很多角度看，熊猫内部管理出现了严重问题，管理层毫无竞争意识和生存危机感，其缺乏竞争意识的管理方式，导致了熊猫直播的衰败。

参考文献

[1]迈克·布伦特，菲奥娜·艾尔莎·丹特.团队赋能：大师的18堂团队管理课[M].
　　徐少保，王琳，译.北京：北京联合出版有限公司，2019.

[2]克里斯蒂娜·考弗曼.团队核能（行动版）：从低效到高能的团队改造术[M].范海
　　滨，译.北京：北京联合出版公司，2016.

[3]杨剑.优秀班组长人员管理培训[M].北京：中国纺织出版社，2017.

[4]水藏玺，王波.金牌班组长团队管理[M].广州：广东经济出版社，2009.

[5]黄钰茗，孙科炎.如何管员工才会听，怎么带员工才愿干[M].北京：电子工业出版
　　社，2013.

[6]丁兴良.不懂带团队，你就自己累[M].上海：立信会计出版社，2014.

[7]周鸿.激励能力培训全案[M].北京：人民邮电出版社，2008.